Murmelbahn, Einsteckdose & Fühlteppich

Noch mehr gute Ideen für selbstgemachtes Spielzeug in der Krippe

The Marble Track, Clever Can, and the Feelie-Rug

More great ideas for making pre-school toys

Impressum

Murmelbahn, Einsteckdose & Fühlteppich
Noch mehr gute Ideen für selbstgemachtes Spielzeug
in der Krippe

The Marble Track, Clever Can, and the Feelie-Rug
More great ideas for making pre-school toys

Autoren
Susan Richter, Nina Dubrow, Karola Puppe,
Antje Bostelmann

Fotos
Susan Richter, Nina Dubrow, Thomas Theo Hofmann

Gestaltung
Sebastian Vollmar

Lektorat
Janine Hölzl

Übersetzung ins Englische
Phoebe Indetzki für LUND Languages, Köln

Druckerei
Druckerei Uwe Nolte, Iserlohn
Gedruckt auf chlorfrei gebleichtem Papier

Verlag
Bananenblau – Der Praxisverlag für Pädagogen
Mail: info@bananenblau.de
www.bananenblau.de

© Bananenblau 2015
ISBN 978-3-942334-50-1

Die Fotos wurden in der Klax Kinderkrippe Sonnenhaus in Berlin aufgenommen.

Inhalt
Content

Vorwort

Preface

Liebe Leserinnen und Leser,

Spielzeug für Kleinkinder ist gar nicht so leicht zu bekommen. Von der Geburt bis zum zweiten Lebensjahr fehlt dem kleinen Menschen die Sprache und daher auch die Möglichkeit Erklärungen zu verstehen. Babys sind neu auf unserer Erde und vollauf damit beschäftigt zu ergründen, wie das Leben hier funktioniert. Sie stellen keine Fragen und lesen auch nicht in Büchern nach – sie erforschen die Funktionalitäten der Welt, indem sie die Dinge, die in ihre Hände gelangen, vielfältigen Tests unterziehen.

Ist die Funktionalität der Dinge gelernt, macht sich das Kleinkind daran, die Bedeutung eines Gegenstandes zu verstehen. Der Lappen ist weich und biegt sich, erzeugt kaum Klänge, wenn er irgendwo gegen schlägt, und er lässt sich leicht von einem Ort zum anderen transportieren. Beim Beobachten der Erwachsenen ist dem Kind allerdings aufgefallen, dass diese ganz verschiedene Dinge mit einem Lappen anstellen: Nasen putzen, Schuhe abwischen, Geschirr trocken rubbeln. Wie sich dies anfühlt, will das Kind nun erfahren, um den Sinn des Gegenstandes quasi mit dem eigenen Körper zu verstehen.

Kleinkinder interessieren sich für physikalische Grundfunktionen der Welt und für den Sinn von Alltagsgegenständen. Kein Wunder also, dass die Dinge aus dem Spielzeugladen wenig Interesse wecken. Viele Eltern und Erzieherinnen haben verstanden, worum es beim Spiel der kleinen Kinder geht. Sie entwickeln deshalb Spielideen und Materialien, die dem Bedürfnis der Kleinkinder die Welt zu erforschen entgegenkommen.

Dear reader,

Finding toys for young children isn't easy. Up to the age of two, babies and toddlers are unable to speak, which means they are also unable to understand instructions. Babies are newcomers on this earth, and are totally engrossed in finding out how life works on the planet. They don't ask questions and they don't look things up in books. Instead, they discover how the world works by subjecting anything they can get into their hands to numerous tests.

Once they've learned how something works, babies then try to understand the significance of the object in question. A piece of cloth is soft and pliable, it makes no noise when it hits something, and it can easily be moved from one place to another. But by watching adults, the baby learns that cloths can be used for many different purposes – to clean noses, wipe shoes or dry cups and plates. The young child now wants to find out what it feels like, and engage with the object with all their senses in order to discover its purpose.

Babies and toddlers are interested in the basic principles governing our world and want to understand the purpose of everyday objects. So it's hardly surprising that they're not particularly interested by commercially produced toys. Many parents and nursery nurses know what little ones are looking for in toys. So they develop play ideas and materials which allow babies and toddlers to explore their world.

Coming up with ideas, finding suitable materials and actually making toys which interest young children is challenging. At the same time, it's the daily bread and butter

Ideen selbst zu realisieren, geeignete Materialien dazu zu finden und diese so umzusetzen, dass das Spielinteresse geweckt wird, ist eine Herausforderung. Gleichzeitig ist es die tägliche Aufgabe von Pädagogen. Susan Richter, eine der Autorinnen dieses Buches, sagt: „Ideen haben, ausprobieren und weiterentwickeln – das ist ein Dreischritt, der nicht nur bei der Entwicklung von Spielzeugideen, sondern auch in der täglichen pädagogischen Arbeit verfolgt werden sollte."

Das vorliegende Buch erscheint in der Ideenreihe unseres Verlags und ergänzt die Anleitungen zum Bau interessanter Glitzerflaschen, Aktionswannen und Lerntabletts um neue Anregungen und Vorschläge. Wir sind überzeugt davon, dass die neuen Ideen unserer Autorinnen den pädagogischen Alltag in vielen Einrichtungen bereichern werden.

Wie immer freuen wir uns über Ihre Rückmeldungen, Ideen und Hinweise.

Ihre Bananenblau Redaktion

of those who work in child care. Susan Richter, one of the authors of this book, says: "Coming up with ideas, trying them out and then perfecting them is a three-step process which applies not only to developing ideas for play, but should also be applied to all educational work."

This book is the latest addition to our "bright ideas" series, and offers new ideas and suggestions to complement the books on making interesting glitter bottles, activity tubs and educational trays. We're convinced that the new ideas presented here by our authors will prove to be a valuable educational help in many nurseries.

As always, we'd love to hear your feedback, ideas and comments.

The Bananenblau editorial team

Um den Lesefluss nicht zu behindern, haben wir im Fließtext meistens die weibliche Form gewählt. Es dürfen sich aber immer beide Geschlechter angesprochen fühlen.

Das Tun der Kinder verstehen

Understanding children's actions

Bildungsarbeit in der Krippe beginnt damit, die Kinder und ihre Tätigkeiten ständig zu beobachten. Mit etwas Erfahrung fällt es leichter die Handlungen der Kinder zu deuten. Dabei helfen Einordnungssysteme wie etwa die Elementaren Spielhandlungen, die entwickelt wurden, um Erwachsenen die Handlungen der Kinder verständlich zu machen. Wir empfehlen, diese Systematik zur Hilfe zu nehmen, um die beobachteten Tätigkeiten der Kinder einzuordnen. Auf den ersten Blick sieht es chaotisch aus, wie die Gruppe der Einjährigen Material durch den Raum trägt, Dinge herunterwirft oder schreiend im Kreis läuft. Es wirkt auf die meisten Erwachsenen unordentlich, ja unerzogen, wenn Kinder immer wieder auf einen Stuhl klettern, um herunterzuspringen. Aber hinter all diesem Tun steckt ein Sinn.

Für Eltern und Pädagogen geht es darum, diesen Sinn zu erkennen und abzuleiten, welche nächste Herausforderung das Kind in seiner Entwicklung einen weiteren Schritt nach vorn bringen würde.

Der 14 Monate alte Theo sortiert gern Dinge. Er tut dies, wann immer er eine Menge an Materialien vor sich hat: Flaschenkorken, Deckel von Babygläschen und Steine. Seine Eltern haben genau hingesehen und herausgefunden, dass die Größenverhältnisse der Dinge es ihm angetan haben. Er trennt bei jedem Material, welches er vorfindet, große Dinge von kleinen. Jetzt wollen die Eltern Theo mit farbigen Gegenständen herausfordern. Sie haben zehn gleich große Flaschenkorken angemalt. Die Hälfte in gelb und die andere Hälfte in rot. Wird Theo den Unterschied erkennen? Dieses Beispiel mag banal klingen, aber gerade deshalb ist es auch so eine Herausforderung, den Kindern immer und

Educational work in day nurseries begins by carefully observing the children and the activities in which they engage. Interpreting their actions comes easier with practice. Classification systems such as "Elementary play actions", developed in order to help adults understand why children perform certain actions, can be helpful here. We strongly recommend using this system to classify the actions you observe children performing. At first glance, a group of one-year olds carrying objects back and forth, throwing things around or running screaming in circles can look like chaos. If a child repeatedly climbs on to a chair only to jump straight off, adults can see this as being disorderly – or even classify it as bad behaviour. But there's method in the madness.

For parents and carers, the core issue is to recognise this method and use it to deduce which challenge would best help the child through the next stage of development.

Theo, 14 months old, enjoys sorting objects. He does so whenever confronted with a selection of objects. Corks, lids from baby food jars, and stones. Watching him closely, his parents discovered that he was fascinated by relative sizes. He sorts all materials into piles of big and small. Now Theo's parents want to challenge him with coloured objects. They've given him ten coloured corks, all the same size. Half are yellow and half are red. Will Theo notice the difference? The example may sound trivial, but this is exactly why it's so challenging to find different materials for children which will help them move on in their development. Nursery nurses pick up on the games the children play, think about which challenges could come next, and in this manner develop and rearrange play materials and educational games. By playing

immer wieder Material anzubieten, welches ihre Entwicklung vorantreibt. Die Erzieherinnen in Krippen greifen die Spielideen und Handlungsweisen der Kinder auf, überlegen, welches die nächste Herausforderung wäre, und entwickeln so immer neue Materialarrangements, Spielmaterialien und Lernangebote. Indem die Kinder mit dem Material hantieren, zeigen sie, ob die Idee der Erzieherin funktioniert oder verworfen bzw. neu überdacht werden muss. Häufig entwickeln die Kinder im Umgang mit den Materialien eigene Ideen und Handlungsweisen. Daraus kann die Erzieherin dann ableiten, welche Weiterentwicklung oder Variation des Materials das Kind in seiner Entwicklung unterstützen würde. Daher ist es so wichtig, dass Erzieherinnen die Kinder genau beobachten und ihren Handlungsschritten folgen, um sie auf ihrem Entwicklungsweg optimal begleiten zu können.

Vielen Erwachsenen fällt das nicht leicht. Die Großen haben vergessen, dass auch sie einmal die Grundfunktionen der Welt erforscht haben. Kaum aus den Windeln heraus, ist es für den Menschen selbstverständlich, dass

with the materials provided, the children demonstrate whether the idea works, or whether it needs to be abandoned or rethought. Often, children come up with their own ideas and modes of dealing with materials. From this, nursery nurses can work out how to further develop or adapt the material to support the child's development. This is why it is so important for nursery nurses to observe children closely, following their sequences of action, in order to offer them optimum support in their development.

Many adults find this difficult. Older people forget how they themselves once explored the basic principles governing the world. No sooner are we out of nappies than we take almost for granted the fact that objects fall downwards, or that centrifugal forces throw objects off course, or that sounds are created by banging materials together.

Older children and adults have a clear picture in their minds as to how the world works, how to handle materials, what significance various objects have and what purpose they serve. They find it hard to imagine that a baby or toddler still

Dinge herunterfallen, die Fliehkraft Dinge aus der Kreis-
bahn schleudert, oder Geräusche durch aneinanderschla-
gende Materialien erzeugt werden.

Ältere Kinder und Erwachsene haben eine klare Vorstellung
davon, wie die Welt funktioniert und wie man mit Materialien umgeht, welche Bedeutung die Dinge haben und zu
welchem Ziel sie benutzt werden sollen. Sie können sich
nur schwer vorstellen, wie dieses Wissen vom Kleinkind
erarbeitet wird. Daher ist es sinnvoll, immer wieder
Bastelnachmittage für Eltern anzubieten. Zum einen wird
so ausreichend Spielmaterial hergestellt, welches den
Kindern der Krippengruppe bei den nächsten Entwick-
lungsschritten hilft. Zum anderen verstehen die Eltern, wo
ihre Kinder gerade stehen und was sie aktuell brauchen.
Dass selbst hergestellte Materialien nicht lange halten, ist
besonders in der Elternarbeit ein Vorteil. Immer wieder
neue Eltern müssen immer wieder neu erfahren, wie kleine
Kinder spielen und lernen und welche Materialien dafür
benötigt werden. Zu lernen, wie man diese herstellt, ist für
Eltern eine große Bereicherung.

*has to work all this out. For this reason, it makes sense to
offer art and crafts afternoons for parents. These not only
serve to produce sufficient play material which can help the
children in the nursery through the next phases of their
development, but they also help parents to understand
where their children currently stand, and what they
currently need. The fact that home-made materials don't
last for long is actually an advantage when working with
parents – every new generation of parents needs to learn
how babies and toddlers play, and which materials are
required. Learning to make these is a valuable experience for
parents.*

Spielhandlung	Beschreibung möglichen Verhaltens	Play action	Description of possible behaviour
Transport	Ein Kind bewegt Bausteine, Kuscheltiere oder andere Dinge im Raum von einem Platz zum anderen, fährt ein anderes Kind oder Dinge in einem Wagen umher	Transporting	A child moves building blocks, cuddly toys or other objects from one part of the room to another, or wheels objects or another child around the room
Umhüllen	Ein Kind wickelt sich selbst oder andere DInge in eine Decke, zieht mehrere Schichten Kleider übereinander, übermalt sein Bild mit einer Farbe	Wrapping	A child wraps itself or an object in a blanket, puts on several layers of clothing, paints over a picture with another colour
Falllinie	Ein Kind lässt Dinge hinabfallen, zum Beispiel vom Tisch, spielt interessiert mit fließendem Wasser am Wasserhahn, lässt Sand rieseln	Line of greatest slope	A child drops objects off a table, displays great interest in taps and running water, lets sand slip through its fingers
Rotation	Ein Kind beobachtet fasziniert die laufende Waschmaschine, interessiert sich für drehende Räder, läuft im Kreis im Raum herum, liebt Brummkreisel	Rotation	A child sits fascinated in front of a washing machine, is interested in turning wheels, runs in circles, loves humming tops
Verbinden und Trennen	Ein Kind verbindet Sand zu einem Kuchen und zerstört diesen wieder, legt Bausteine zu einer Eisenbahn und zerstort diese	Putting together and taking apart	A child shapes sand into a sand-castle and then destroys it again, makes a train out of building blocks and then destroys it again
Veränderung der Position	Ein Kind klettert auf ein Podest, einen Stuhl, ein Sofa, liegt auf dem Fußboden oder unter dem Sofa	Changing position	A child climbs onto a platform, chair or sofa, or lies on the floor or underneath a sofa
Umzäunen	Ein Kind baut eine Umzäunung, um darin zu spielen, sucht sich Ecken und Nischen und hält sich dort auf	Enclosures	A child makes a fence around itself and plays inside it, or looks for corners or recesses in which to sit or play
Ordnen	Ein Kind ordnet Dinge nach gleichen Merkmalen, sortiert passende Dinge zueinander	Sorting	A child sorts objects which have the same features, makes piles of objects which match each other
Verstecken	Ein Kind spielt das Kuckuck-Spiel, versteckt sich hinter einem Gegenstand oder unter einem Tuch	Hiding	A child plays peek-a-boo, hides behind another object or under a blanket

Tipps

So begleiten wir kleine Kinder in ihrer Entwicklung.

Kinder täglich beobachten:
- auf Klebezetteln notieren, was die Kinder tun: Max stapelt Steine. Lisa sagt „Auto". Leon ordnet Korken nach Größe. Emil trägt die Kuscheltiere in eine andere Ecke des Raums.

Am Ende der Woche Klebezettel ansehen:
- Die Tätigkeiten der Kinder den Spielschemen, den Stufen der Sprachentwicklung und den Stufen der sozialen Entwicklung zuordnen: Stapeln ist Transformation. Das Wort „Auto" weist auf die Begriffsbildung hin. Das Ordnen von Dingen ist eine Elementare Spielhandlung. Emil probiert sich in der Spielhandlung des Transports.

Handlungen sortieren und Gruppen bilden:
- Welche Kinder ordnen? Welche Kinder transportieren? Welche Kinder sprechen ein oder zwei Worte?

Herausforderungen überlegen:
- Max und die anderen „Stapler" brauchen Materialien, die sich auf unterschiedliche Weise stapeln lassen. Emil braucht Fahrzeuge und Taschen für seinen Transport. Lisa sollte mit häufigen Bilderbuchbetrachtungen zu Zwei-wortsätzen geführt werden.

Tips

How we can help children develop.

Observe children on a daily basis:
* *take notes on what children are doing: Max is stacking blocks. Lisa said "car". Leon is sorting corks according to size. Emil is carrying cuddly toys to another corner of the room.*

Look at your notes at the end of the week:
* *Organise the children's activities and actions according to type of game, level of language development and level of social development: Stacking is transformation. The word "car" indicates conceptualisation. Sorting objects is an elementary play action. Emil is playfully practising the action of transporting.*

Once identified, classify the actions into groups:
* *Which children sort objects? Which children transport objects? Which children speak one or two words?*

Think of challenges:
* *Max and the other "stackers" need materials that can be stacked in different ways. Emil needs vehicles and bags to transport things. Lisa could be given lots of picture books to encourage her to speak two-word sentences.*

Die Murmelbahn
Schwerkraft und Fliehkraft entdecken

. . . .

Marble runs – discovering gravity and centrifugal forces

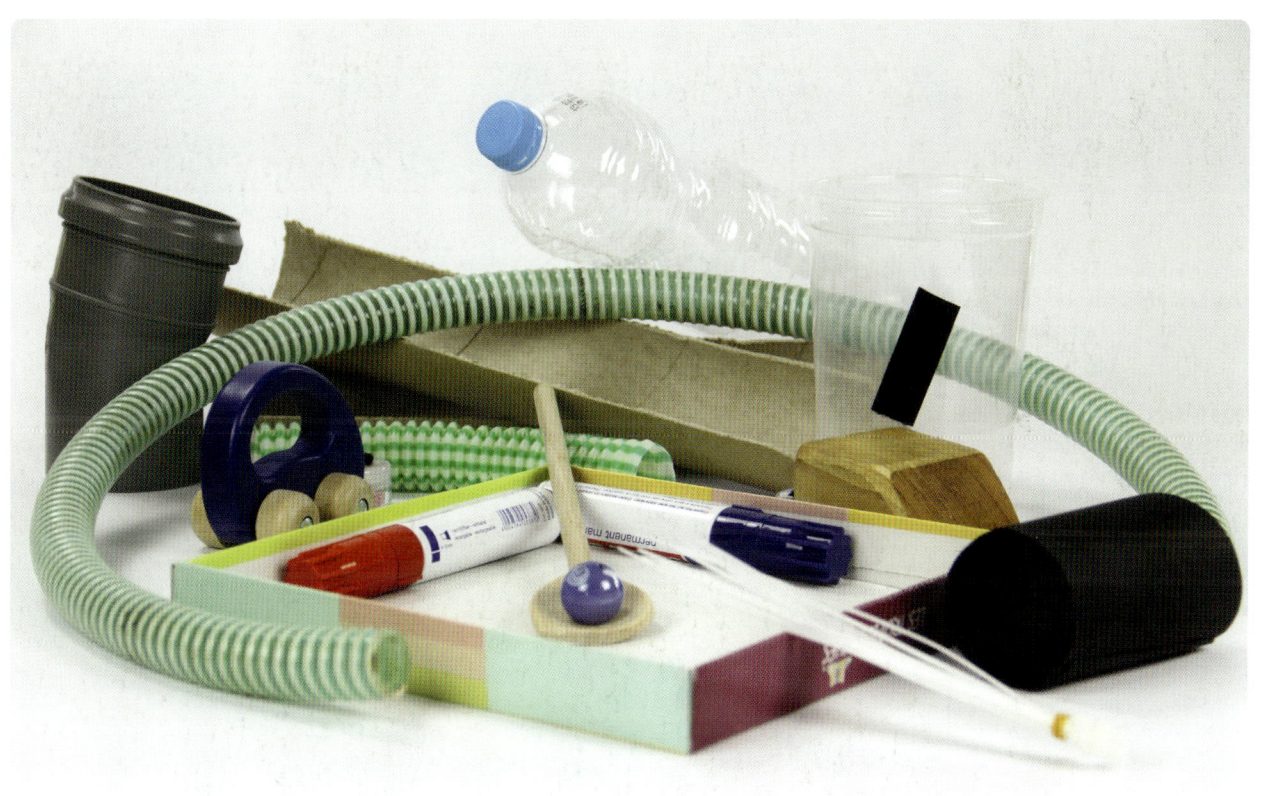

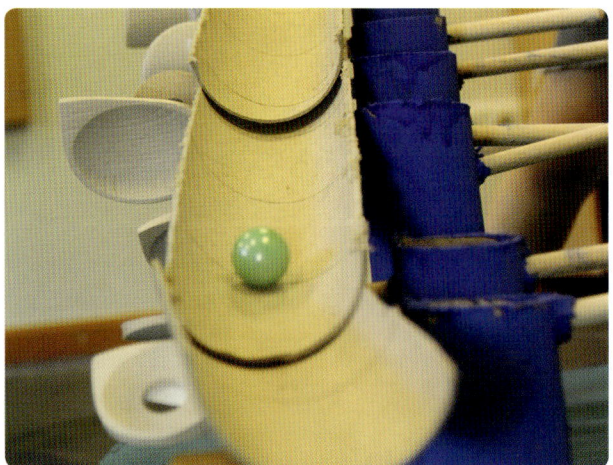

Was tun die Kinder?

Eine Murmelbahn bietet unterschiedliche Möglichkeiten. Man kann Kugeln verschwinden lassen, sie in Schwung versetzen, sie an unerwarteten Orten wieder auftauchen lassen oder ihren Weg mitverfolgen.

Das lernen die Kinder!

Die Falllinie macht die Kräfte der Schwerkraft deutlich. Rotiert ein Gegenstand, wirkt die Fliehkraft. Kugeln, die in der Bahn verschwinden, erscheinen am Ende wieder, sie sind also noch da. Die vielfältigen Möglichkeiten, die physikalischen Grundfunktionen der Welt zu untersuchen, machen Kugelbahnen für Kleinkinder so spannend.

Varianten

Es gibt viele Möglichkeiten eine Kugelbahn aufzubauen: Pappröhren, die so angeordnet sind, dass die Kugeln von einer Röhre in die andere gleiten.
Schläuche, durch die die Kugel hindurchrollt.
Durchsichtige Plastikflaschen, die die Kugel wie durch ein Trichtersystem fallen lässt.

What does the child do?

Marble runs offer numerous opportunities for play. You can make marbles disappear, start them rolling, make them reappear in unexpected places or watch them roll down.

What does the child learn?

The line of greatest slope vividly demonstrates the law of gravity; where an object rotates, centrifugal force comes into play. Marbles that disappear in the middle of the run reappear at the end – so they're still there. Babies and toddlers find marble runs exciting because they demonstrate in so many different ways the laws of physics that govern our world.

Variations

There are many different ways of setting up a marble run: cardboard tubes can be arranged such that marbles roll down from one tube into the next.
The marbles could roll through rubber tubes.
Transparent plastic bottles can be arranged into a series of funnels through which the marbles drop.

Ein mit Pappröhren ausgestatteter Pappkarton lässt Kugeln auf der einen Seite verschwinden und auf der anderen wieder erscheinen. Ein Kartondeckel mit eingeklebten Pappstreifen wird zu einer Handkugelbahn.

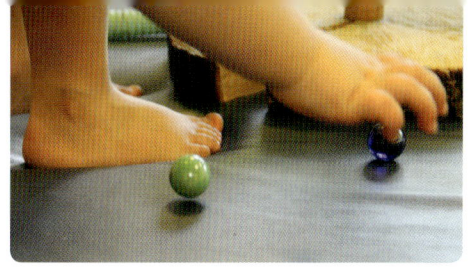

Darauf achten:
Im Krippenbereich wird die Murmelbahn zur Kugelbahn. Die benutzten Kugeln sollten niemals einen kleineren Durchmesser als 5 cm haben. Kugelbahnen nicht über den Köpfen der Kinder anbringen. Herabfallende Kugeln können zu Unfällen führen.

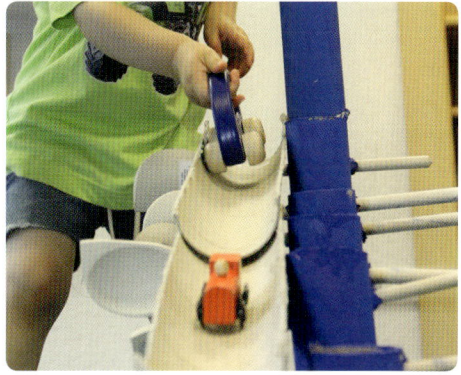

. . . .

A cardboard box containing cardboard tubes makes marbles disappear on one side and reappear on the other.
You can make a hand-held marble run with cardboard strips glued onto the lid of a shoe box.

Caution:
in day nurseries, only giant marble runs should be used. The marbles should never be smaller than 5cm in diameter.
Never install a marble run over the heads of the children. Falling marbles could cause accidents.

Die Murmelbahn mit Klettverschluss
Marble run with velcro fastener

Das wird gebraucht
- transparente Plastikflaschen
- Klettverschluss
- große Pappe oder ein großes Brett
- Becher
- Korb
- Kugeln
- Papier- oder Stoffklebeband zum Umkleben der Schnittkanten
- Schleifpapier
- Klebeband

You will need:
- transparent plastic bottles
- velcro fastener
- a large piece of cardboard or a large board
- beakers
- basket
- giant marbles
- paper masking tape or fabric tape to cover raw edges
- sandpaper
- sticky tape

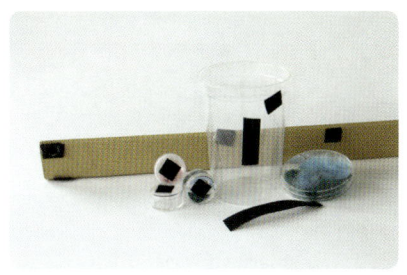  

So geht's

Eine große feste Pappe, oder auch ein Holzbrett an der Wand sicher befestigen, Größe 1 m x 50 cm.
Auf der so vorbereiteten Wandfläche lange Streifen Klettband kreuz und quer anbringen.
Den Boden und ggf. den Hals von den Plastikflaschen abschneiden. Vorsicht:

Bilden sich zu scharfe Kanten, diese mit Stoff oder Papierklebeband umkleiden oder mit Schleifpapier bearbeiten. So entstehen Trichter und Röhren mit und ohne Verengung. Die so vorbereiteten Flaschen ineinanderstecken und mit Klebeband fixieren. Darauf achten, dass die

Kugeln durch die Öffnungen passen. Den Kindern die selbst gebastelten und mit Klettband versehenen Röhren, Trichter und einen Becher in entsprechender Größe in einem Korb zur Verfügung stellen.

· ·

What to do

Fix a 1 m x 50 cm large sheet of cardboard – or a wooden board – firmly to the wall.
Now affix strips of velcro fastener randomly in diagonal lines across the board.
Cut off the bottoms of the plastic

bottles (and necks where necessary). Caution: if the edges are sharp after cutting, cover with masking tape or sand down with sandpaper. You will now have funnels and tubes with and without narrow openings.
Now slot the bottles together and

attach with sticky tape. Make sure the openings are large enough for the giant marbles.
Put an appropriately sized funnel, beaker and all the home-made tubes – each with velcro fastener – into a basket for the children to play with.

Pappröhren-Rennstrecke
Cardboard tube racetrack

Das wird gebraucht

- lange Pappröhren, am besten Posterrollen mit einem Durchmesser von mindestens 10 cm
- 3−5 kürzere Pappröhren mit einem Durchmesser von mehr als 15 cm (z. B. Teppichrollen)
- Papierklebeband
- Schere
- Säge
- Bohrer, am besten ein Handbohrer
- kleine Holzautos
- Kochlöffel
- feste Pappstücke

You will need:

- *long cardboard tubes (preferably mailing tubes) with a diameter of at least 10cm*
- *3−5 shorter cardboard tubes with a diameter of > 15cm (e.g., carpet tubes)*
- *masking tape*
- *scissors*
- *saw*
- *drill, preferably a hand drill*
- *small wooden cars*
- *wooden spoons*
- *sturdy sheet of cardboard*

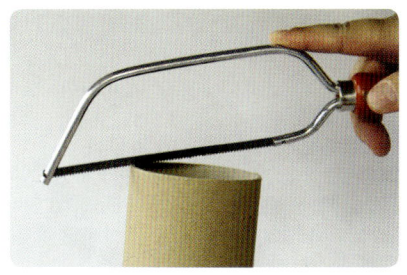  

So geht's

Die dicken kürzeren Pappröhren in unterschiedlicher Länge zurecht schneiden. Diese Pappröhren fest auf die Pappstücke kleben, sodass sie stabil stehen.
Achtung, die Kinder sind klein, daher sollten die Standröhren nicht höher als 70 cm sein.

Die stehenden Pappröhren durch- bohren und die Kochlöffel durch- stecken. Darauf achten, dass die Kochlöffel an jeder Pappröhre ein wenig niedriger angebracht sind. Die restlichen Pappröhren halbieren und links und rechts an der Seite der stehenden Röhren auf den Kochlöffeln befestigen.

Die letzten Pappröhren enden auf dem Fußboden.
Die Autos werden oben auf die halbierten Röhren gesetzt und sollten auf dem Fußboden genügend Auslauf haben.
Autos, die links und rechts gleichzeitig starten, fahren um die Welle die Bahn hinunter.

· ·

What to do

Cut the shorter, wider cardboard tubes into different lengths. Stick these cardboard tubes firmly onto the sheet of cardboard.
Remember: the children are small, so the upright tubes should be no higher than 70cms!
Bore holes through the upright cardboard tubes and stick the wooden spoons through these holes. On each

consecutive cardboard tube, the wooden spoon should be poking through slightly lower.
Cut the remaining cardboard tubes in half and attach firmly to the wooden spoons on the left and right of the upright tubes.
The lowest cardboard tubes should end on floor level.
Place the cars on the uppermost tube.

Make sure they have plenty of space on the floor to roll away.
Start the cars simultaneously on the left and right hand sides and see which completes the racetrack fastest!

Looping am Stock
Loop the loop

Das wird gebraucht
- eine dicke, sehr feste Pappröhre (nicht länger als 80 cm)
- Schlauch mit ausreichend großem Durchmesser (2–3 cm)
- Schere
- Klebeband
- feste Pappe oder Holzbrett

You will need:
- *a thick and very sturdy cardboard tube, no longer than 80cm*
- *rubber tubing with a diameter of at least 2–3 cm*
- *scissors*
- *sticky tape*
- *sturdy cardboard or plate of wood*

So geht's

Die dicke Röhre auf die Papp- oder Holzplatte kleben, sodass sie fest steht.

Den Schlauch in einer Spirale um die Pappröhre wickeln.

Kugeln hindurch rollen lassen und ggf. unten in einem Becher auffangen.

What to do

Stick the cardboard tube firmly onto the sheet of cardboard or a plate of wood in an upright position.

Wind the tubing in a spiral round the cardboard tube.

Roll marbles down the tube, maybe catching them in a beaker at the bottom.

Hell und Dunkel

Light and dark

Das wird gebraucht

- 3 dicke, sehr feste Pappröhren in der Länge 30 cm, 50 cm, 80 cm
- ein Stück undurchsichtiger Schlauch mit ausreichend großem Durchmesser 2–3 cm
- diverse Pappröhren
- Schere, Messer
- Klebeband
- feste Pappe
- Plastikflaschen, transparent und undurchsichtig
- Glöckchen, Metallpapierstreifen, Metallstückchen
- Schale

You will need:

- *3 thick, very sturdy cardboard tubes in the following lengths: 30 cm, 50 cm, 80 cm*
- *a piece of opaque rubber tubing with a diameter of at least 2–3 cm*
- *various cardboard tubes*
- *scissors, knives*
- *sticky tape*
- *sturdy cardboard*
- *plastic bottles, transparent and opaque*
- *little bells, strips of metallic paper, small pieces of metal*
- *bowl*

 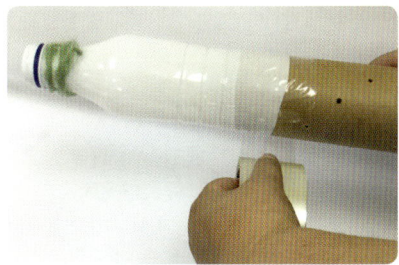 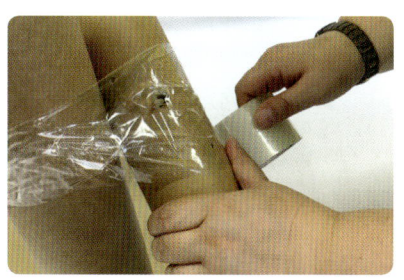

So geht's

Die dicken Röhren auf die Pappplatte kleben, sodass sie fest stehen.
In manche Röhren und in den undurchsichtigen Schlauch viele Löcher hineinschneiden, die nur wenig kleiner als die Kugel sind. Die anderen Röhren und der transparente Schlauch bleiben unversehrt.
Röhren, Trichter und Schlauch so an den stehenden Röhren befestigen, dass eine zusammenhängende Bahn entsteht, auf der die Kugeln hinabrollen können.
An und in den undurchsichtigen Röhren Glöckchen, raschelnde Papierstreifen oder Blechstückchen befestigen, sodass die Kugel zu hören ist, wenn sie nicht sichtbar ist.

Die Kugel ist manchmal durch das transparente Material und manchmal durch die Löcher hindurch sichtbar und verschwindet dann wieder in einer undurchsichtigen Pappröhre, in der nur die Geräusche verraten, dass die Kugel da ist.

What to do

Stick the cardboard tubes firmly onto the sheet of cardboard in an upright position.
Cut holes into some of the tubes and in the opaque rubber tubing. These holes should be a little smaller than the marbles. Leave some tubes and the transparent rubber tubing intact.
Attach the tubes, funnels and rubber tubing to the upright tubes to create a continuous track down which the marbles can roll.
Attach little bells, rustling strips of paper or small pieces of metal at intervals inside the opaque tubes so that the marbles can be heard even when they are not seen.
The marbles can be seen as they roll through the transparent materials or pass the holes. When they disappear again into the opaque tubes, the children can pinpoint their position by listening to the sounds they create.

Auf die Rampe

On the ramp

Das wird gebraucht

- Pappplatte
- einige, dicke sehr feste Pappröhren als Gestell
- Pappröhren, am besten Posterrollen
- Schere
- Klebeband
- feste Pappe
- Kochlöffel
- kleine Autos
- Bausteine

....

You will need:

- *sheet of cardboard*
- *a few very sturdy cardboard tubes to make a frame*
- *cardboard tubes, preferably mailing tubes*
- *scissors*
- *sticky tape*
- *sturdy cardboard*
- *wooden spoons*
- *small cars*
- *building blocks*

 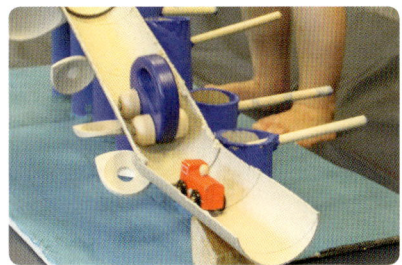 

So geht's

Die dicken Röhren auf die Pappplatten kleben, sodass sie fest stehen. Löcher hineinbohren und die Kochlöffel hindurchschieben. Mehr Löcher als Kochlöffel vorsehen, um die Höhe der Kochlöffel variieren zu können. Die Pappröhren halbieren und mittels der Kochlöffel so an dem Ständer befestigen, dass eine Schräge entsteht, auf der die Autos mit Schwung hinuntersausen.

Aus der festen Pappe und den Bausteinen eine Rampe bauen.

Die Autos sausen von der Bahn auf die Rampe, springen von der Rampe in die Luft und landen auf dem Boden. Nun kann ermittelt werden, welches Auto am weitesten fliegt. Da die Kinder noch klein sind, immer nur ein Auto auf die Rampe schicken und mit Klebeband den Landepunkt markieren. Dann kann später darüber gesprochen werden, welche Markierung dicht an der Rampe und welche weiter weg ist. Das Verstellen der Kochlöffelhalterung führt dazu, dass die Autos mehr oder weniger Schwung bekommen.

What to do

Stick the cardboard tubes firmly onto the sheet of cardboard in an upright position. Bore holes and stick the wooden spoons through these holes. Make extra holes so that you can vary the height of the wooden spoons. Cut the cardboard tubes in half and attach them to the stand, using the wooden spoons to help you, to create a slope down which the cars can race. Make a ramp using the sturdy cardboard and the building blocks.

The cars race down the tubes onto the ramp, the ramp propels them into the air and they then land on the floor. See which car flies furthest! As the children are still small, only allow one car at a time on the ramp, and mark the spot where it lands with marker tape. Later, you can talk to the children about which marks are close to the ramp and which are further away.

By adjusting the wooden spoons, you can control the amount of momentum given to the cars.

Handmurmelbahn
Hand-held marble run

Das wird gebraucht
- ein kleiner Schuhkartondeckel
- 3 große Murmeln
- Papierkleber
- Pappstreifen
- Farbe

....

You will need:
- *the lid of a small shoe box*
- *3 large marbles*
- *glue*
- *strips of cardboard*
- *paint*

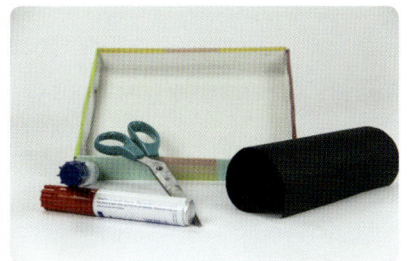

So gehts

Die Pappstreifen in den Kartondeckel kleben, sodass ein Labyrinth entsteht. Es ist gut verschiedene Wege zu haben. Start und Ziel kennzeichnen, ggf. die Wege jeweils mit einer Farbe versehen.

Die Kinder können durch Bewegen des Deckels die Murmeln auf unterschiedlichen Wegen ans Ziel bringen.

Variante für ältere Kinder: Das Murmelspiel sehr groß anlegen, sodass es von mehreren Kindern bewegt werden muss.

• •

What to do

Stick the strips of cardboard into the lid to create a labyrinth. Preferably make different exits.
Mark the start, finish, and each possible route, maybe with different colours.

By tilting the lid, children can make the marbles run down the different tracks to the finishing point.

Variation for older children: make a giant marble run which has to be held and tilted by several children.

Wasserwerk
Waterworks

Das wird gebraucht
- mehrere Plastikkisten
- Schläuche, transparent und undurchsichtig
- Kabelbinder
- Trichter
- Plastikflaschen
- graue Klempnerrohre
- Eimer

....

You will need:
- *several plastic boxes*
- *rubber tubing, transparent and opaque*
- *cable ties*
- *funnels*
- *plastic bottles*
- *grey drainpipes*
- *bucket*

So geht's

Die Plastikkisten hochkant aufstellen und mit Kabelbinder verbinden.
Die Schläuche, Trichter und die aus den Plastikflaschen gebauten Röhren und Sanduhren mit Kabelbinder an den hochstehenden Böden der Kisten anbringen.
Die Kinder holen mit ihren Eimern Wasser und gießen es in die Konstruktion. Am Ende wird ein Eimer darunter gestellt, sodass das Wasser aufgefangen und erneut durch die Konstruktion geschüttet werden kann.

· ·

What to do

Arrange the plastic boxes on their sides and tie together using the cable ties. Attach the tubes, funnels and the tubes and hourglasses made from the plastic bottles to the upright floor of the boxes. Children can collect water with their buckets and tip it into the construction. A bucket should be placed at the end to catch the water so that it can then be tipped back again into the construction.

Die Schüttelflasche
Weit mehr als nur die Entdeckung der Falllinie

Sensory bottles – exploring more than just the line of greatest slope

Was tun die Kinder?

In einer Schüttelflasche lassen sich verschiedene physikalische Phänomene unterbringen. Diese sind schon für Babys von großem Interesse. Sobald das Baby greifen gelernt hat, kann es mit der Schüttelflasche experimentieren. Kleine Flaschen sind für Babyhände gut zu greifen. Mit Flüssigkeit und kleinen Dingen gefüllt, beobachtet das Baby das Herabsinken der Gegenstände. Es kann diesen Effekt selbständig wiederholen, indem es die Flasche schüttelt. Gefüllt mit harten Gegenständen, erzeugen die Flaschen Klänge. Man kann sie zu Sanduhren zusammensetzen und dabei sehr schöne Falllinien erzeugen.
Die Flasche kann man umdrehen oder schütteln und damit den Inhalt in Bewegung setzen.

Das lernen die Kinder!

Die Falllinie macht die Kräfte der Schwerkraft deutlich. Rotiert ein Gegenstand wirkt die Fliehkraft. Die Kinder verstehen, dass sie durch ihre Aktivität etwas in ihrem Umfeld verändern. Diese Erfahrung ist ein wichtiger Schritt in der sozialen Entwicklung: Ich habe Einfluss auf die Welt um mich herum.

What does the child do?

Sensory bottles can be used to to demonstrate various laws of physics. Even babies display great interest in these. As soon as a baby has learned to hold on to something, it can experiment with a sensory bottle. Small bottles are easier for babies to hold. Filled with liquid and small objects, babies can watch the objects sink downwards. The baby can repeat the effect simply by shaking the bottle. Filled with hard objects, the bottles make sounds. You can stick two bottles together to make an hourglass, creating wonderful lines of greatest slope.
The bottles can be turned or shaken to move the objects inside.

What does the child learn?

The line of greatest slope vividly demonstrates the law of gravity; where an object rotates, centrifugal force comes into play. Children learn that their actions cause changes in their environment. This is an important step forwards in their social development: I can influence the world around me!

Varianten

Es gibt unendlich viele verschiedene Schüttelflaschen: Manche sind mit Glitzer gefüllt, andere mit Linsen. Manche Flaschen verstecken Schläuche oder kleinere Flaschen in ihrem Inneren. Am Ende gibt es sogar ein Flaschentheater.

Darauf achten

Keine Flasche lässt sich so gut zukleben wie die Spielzeugnorm es erfordert. Wie alle selbst hergestellten Spielmaterialien sind die Flaschen nur für eine kurze Verwendungsdauer vorgesehen. Immer wieder prüfen und kontrollieren, ob noch alles dicht ist. Die Kinder nicht unbeaufsichtigt spielen lassen und lieber häufiger neue Flaschen bereitstellen. Die Flaschenverschlüsse lassen sich mit Heißkleber, besser aber mit Sekundenkleber verschließen. Dazu sollten der Deckel und der Schraubverschluss trocken sein, bevor der Klebstoff aufgetragen wird.

Bei der Verwendung von Lampenöl ist besondere Vorsicht geboten. Kinder dürfen niemals mit Lampenöl in Berührung kommen oder es trinken. Einmal im Körper, gelangt es in die Lungen und richtet dort schwerwiegende Schäden an.

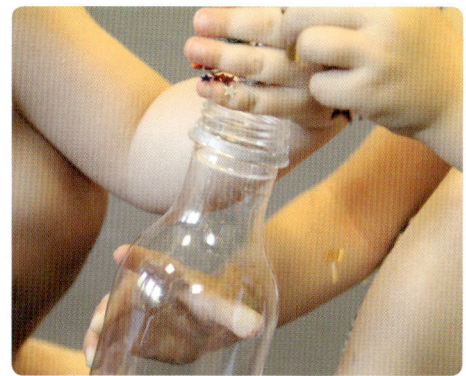

· ·

Variations

There are endless variations of sensory bottles. Some could be filled with glitter, others with lentils. Some bottles could contain hidden tubing, or smaller bottles inside a larger bottle. Last but not least, we've even included a bottle pantomime!

Caution

It's impossible to seal bottles tightly enough to comply with legal safety standards. As with all home-made materials, these bottles are only intended for short-term use. Check regularly that the bottles are well sealed. Don't allow children to play with the bottles unattended. Replace with new sensory bottles regularly. Bottle lids can be sealed in place with HMA (hot glue) or – better still – with superglue. Ensure the lid and the bottle are thoroughly dry before applying the glue.

Take particular care if you are using lamp oil. Children must never be allowed to touch or drink lamp oil. If a child ingests lamp oil, it enters their lungs where it wreaks severe damage.

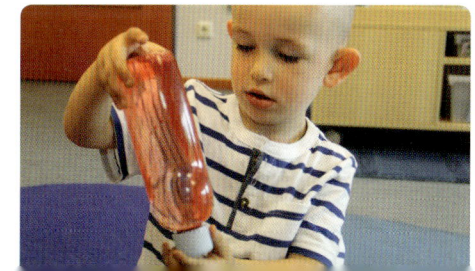

Flaschen für kleine Hände

Bottles for little hands

Das wird gebraucht
- mehrere Plastikflaschen mit 100 ml oder weniger Fassungsvermögen
- Wasser
- Lebensmittelfarbe
- Glitzer
- kleine Perlen, Stanzfiguren etc.
- Sekundenkleber

. . . .

You will need:
- *several plastic bottles, 100ml or smaller*
- *water*
- *food colouring*
- *glitter*
- *small beads, cut-out shapes etc*
- *Superglue*

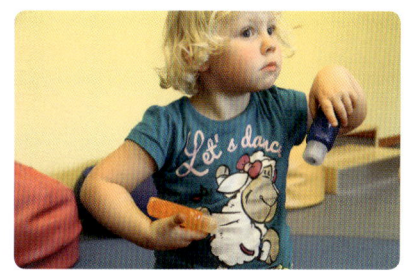

So geht's

Die Flasche mit eingefärbtem Wasser füllen und die Perlen etc. dazugeben. Flasche mit Sekundenkleber sicher verschließen. Durch Umdrehen, Rollen und Schütteln der Flaschen erleben die Kinder, dass sie selbst den Inhalt der Flasche in Bewegung bringen.

Varianten

Mit Körnern, Reis oder Grieß gefüllte Falschen erzeugen Geräusche. Jede Flasche hat ihren eigenen Klang: Glitzer schwebt lautlos nach unten, Maisgrieß rieselt leise und Bohnen klappern laut.

Gibt man in das Wasser unterschiedlich schwere Gegenstände, z. B. eine Glasmurmel, eine Schraube oder leichte Perlen, erleben die Kinder unterschiedliche Fallgeschwindigkeiten.

What to do

Fill the bottle with coloured water and add the beads etc. Seal the lid firmly closed using superglue.
By turning, rolling and shaking the bottle, children learn that they can make the contents move around.

Variations

Bottles filled with grain, rice or semolina make sounds. Each bottle produces a different sound· glitter sinks noiselessly, semolina trickles softly and beans rattle loudly.

If you add objects of different weights to the water – e.g., a marble, a screw or lightweight beads – children will observe that these sink at different speeds.

Zwei in einem
Two in one

Das wird gebraucht

- ein kleines, durchsichtiges und verschließbares Plastikrohr im Durchmesser des Flaschenhalses
- Korken
- eine durchsichtige Plastikflasche, max. 250 ml
- doppelseitiges Klebeband
- Öl, Wasser
- Granulat, Grieß, Mais
- Sekundenkleber

You will need:

- *one small, transparent and sealable plastic tube, diameter equal to the lid of a bottle*
- *cork*
- *a transparent plastic bottle, max. 250 ml*
- *double-sided sticky tape*
- *oil, water*
- *granulate, semolina, corn*
- *superglue*

So geht's

Das Plastikröhrchen je zur Hälfte mit Öl und Wasser füllen.
In die Flasche ein wenig farbiges Granulat geben. Das Röhrchen mit Korken verschließen, in die Flasche stecken und am Flaschenhals mit Klebeband befestigen.

Die Flasche verschließen, indem der Deckel mit Sekundenkleber aufgeklebt wird.

Durch das Drehen der Flasche fließen die verschiedenen Materialien in unterschiedliche Richtungen. Das Granulat fällt geräuschvoll und schnell nach unten. Das Öl steigt leise und langsam nach oben.

• •

What to do

Fill the plastic tube half with water, half with oil.
Put a little coloured granulate into the bottle and fix it with corks. Stick the end of the tube into the bottle and affix to the neck of the bottle with the sticky tape.

Seal the bottle by sticking the lid on with superglue.

By turning the bottle, the various materials move in different directions. The granulate falls noisily and quickly to the bottom. The oil rises silently and slowly.

Die Schraube in der Flasche

Bolt in a bottle

Das wird gebraucht

- eine Plastikflasche, 250 ml
- Schraubenmuttern
- ein Spiralstrohhalm
- Wasser, Öl
- Sekundenkleber

. . . .

You will need:

- *a 250 ml plastic bottle*
- *nuts (for the bolts)*
- *spiral drinking straw*
- *water, oil*
- *superglue*

So geht's

Die Muttern und den Spiralstrohhalm in die Flasche stecken. Der Strohhalm muss so lang sein, dass er bis zum oberen Rand des Flaschenhalses reicht. Das, was übersteht, einfach abschneiden.
Die Flasche mit Wasser auffüllen und mit Sekundenkleber verschließen.

Die Kinder staunen und fragen sich: „Warum tanzen die Muttern drehend nach unten, wenn die Flasche geschüttelt oder gedreht wird?"

· ·

What to do

Stick the nuts and the spiral drinking straw into the bottle. The straw must be long enough to reach up to the top of the bottle neck.

If it's too long, cut off the excess. Fill the bottle with water and seal on the lid using superglue. The children will be amazed, and will

ask "Why do the nuts spin round and down when you shake or turn the bottle?"

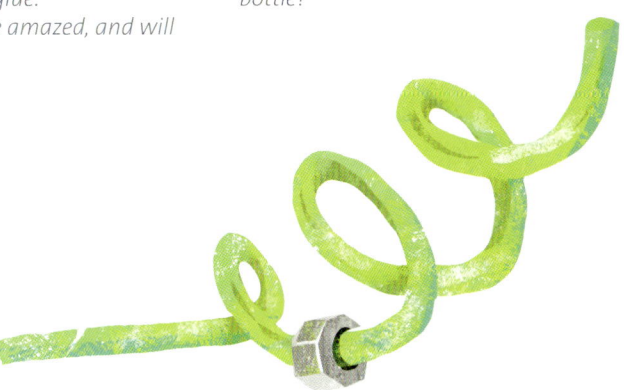

Die Zauberflasche
Magic bottle

Das wird gebraucht
- eine durchsichtige Plastikflasche, 250 ml
- Öl
- Wasserfarbe
- Sekundenkleber

. . . .

You will need:
- *a transparent 250 ml plastic bottle*
- *oil*
- *watercolour paints*
- *superglue*

So gehts

Die Flasche wird mit Öl vollständig gefüllt. Dann werden einige Tropfen der Farbe in das Öl gegeben. Die Flasche mit Sekundenkleber fest verschließen.

Im ruhenden Zustand sieht die Flasche sehr langweilig aus. Wird sie sanft geschüttelt, entstehen bunte Blasen, die in der Flasche hin- und herwabern. Diese Flasche beruhigt auch

Erwachsene und wird deshalb oft für den Eigengebrauch von Erzieherinnen hergestellt.

What to do

Fill the bottle completely with oil. Now add a few drops of colour to the oil. Seal the bottle closed with super-glue.

When motionless, the bottle looks very boring. But if you shake it gently, colourful bubbles form and float back and forth in the bottle.

This bottle has a calming effect on adults, so nursery nurses often make them for their own use!

Flaschentheater
Bottle pantomime

Das wird gebraucht
- eine durchsichtige Plastikflasche, 250 ml oder größer
- farbiger Schaumstoff, Filz oder Karton
- Papierkleber
- Schaschlikspieß
- Handbohrer
- Sekundenkleber

. . . .

You will need:
- *a transparent plastic bottle, 250 ml or larger*
- *coloured foam, felt or cardboard*
- *glue*
- *wooden skewers*
- *hand drill*
- *superglue*

So gehts

Aus Filz, Schaumstoff und Papier eine Figur basteln und sehr fest am Schaschlikspieß befestigen. In die Flasche stecken.
Den Flaschendeckel mit einem Loch im Durchmesser des Schaschlikspießes versehen. Spieß durchstecken und Flasche mit Sekundenkleber verschließen.
Durch Hin- und Herschieben des Spießes bewegen sich die Figuren. Mehrere Flaschen mit verschiedenen Figuren lassen sich zu einem Lied oder einer Geschichte zusammenstellen.

Variante

Die Flasche im Hintergrund mit einem Bild versehen, sodass die Figuren sich in einer Landschaft bewegen.

What to do

Use the felt, foam and paper to make a puppet and stick this firmly to the wooden skewer. Insert into the bottle. Spear a hole – as wide as the skewer – in the lid of the bottle. Thread the skewer through the hole and seal the bottle closed with superglue.

By moving the skewer up and down, you can make the puppet move around. By making several different characters and placing them in different bottles, you can use the puppets to sing a song or tell a story.

Variations

Stick a picture onto the the back of the bottle so that the puppets move in front of scenery.

Magische Dosen
Die Erkundung der Objektpermanenz und anderer Phänomene

Magic tins – exploring the permanency of objects and other phenomena

Was tun die Kinder?

Eine Dose ist ein interessanter Gegenstand. Meist verbirgt sie etwas in ihrem Inneren. Man kann etwas hineinlegen oder etwas herausholen. Die meisten Dosen sind rund, deshalb rollen sie gut und rütteln dabei ihren Inhalt durcheinander.

Für Kinder sind Dosen so faszinierend, weil etwas darin ist, was man nicht sieht. Kleinkinder gehen häufig der Frage nach, ob Gegenstände, die gerade nicht zu sehen sind, noch vorhanden sind. Daher lieben Babys das „Kuckuck-Spiel", bei dem ein Erwachsener sein Gesicht hinter einem Tuch verbirgt, um im nächsten Augenblick wieder hervorzuschauen.

Kleinkinder stecken Gegenstände in Ritzen und Schlitze, um sich zu vergewissern, dass diese aus dem Sichtbereich verschwundenen Materialien noch existieren. Dieses Verhalten nennen Wissenschaftler das Erkunden der Objektpermanenz.

Das lernen die Kinder!

Die Kinder lernen die Welt zu verstehen. Sie erkennen, dass nicht nur die Dinge vorhanden sind, die man gerade sehen

What does the child do?

Jars and tins are interesting objects. Most contain something hidden inside. You can put something in, or take something out. Most tins and jars are round and therefore roll well, which shakes up the content.

Children are fascinated by tins and jars because they can't see what's hidden inside. Babies and toddlers frequently experiment to find out whether something which is out of sight continues to exist. This is why babies love playing "peek-a-boo", where an adult hides their face behind a cloth and then reappears suddenly.

Small children stick objects into cracks and slits to find out whether materials which disappear from their view continue to exist. Scientists call this behaviour "examining the permanency of objects".

What does the child learn?

Children learn to understand the world. They learn that, in addition to the objects in their line of view, an infinite number of objects also exist outside of their field of vision. This basic experience helps children to develop spatial orientation skills and powers of imagination.

kann, sondern dass es auch außerhalb des eigenen Gesichtsfeldes noch unendlich viele Dinge gibt. Diese Grunderfahrung ist wichtig für die räumliche Orientierung und das Vorstellungsvermögen.

Varianten

Vielerlei Dosen sind möglich. Ob es Dosen zum Verstecken sind oder Dosen, die von Innen leuchten, die Kinder sind begeisterte Dosennutzer. In unserem Kapitel dreht es sich um Dosen, deren Inhalt interessante Phänomene preisgeben, Dosen, die nicht weiterrollen, und Dosen, die mit interessanten Dingen gefüllt sind, die entdeckt werden wollen.

Darauf achten

Mit Flüssigkeiten oder Kleinteilen gefüllte Dosen müssen gut und sicher verschlossen sein. Am besten die Deckel mit Sekundenkleber verschließen.
Manchmal können Dosenränder sehr scharfkantig sein. Bitte dies prüfen, bevor die Dose in Kinderhände gelangt.
Eine Versteckdose braucht einen Schlitz oder ein Loch im Deckel. Beim Schneiden dieser Öffnung darauf achten, dass keine scharfen Kanten oder spitze Ecken entstehen.

• •

Variations

You can make lots of different play materials using tins and jars. Whether you're hiding something or shining a light inside, children love playing with tins and jars. This chapter focuses on tins and jars which demonstrate interesting phenomena, tins which do not continue rolling, and jars which are filled with interesting things.

Caution

If a tin or jar is filled with liquids or small objects, it must be sealed tightly and safely. This is best achieved by gluing the lid with superglue.
The cutting edge of tins can often be very sharp. Please check before allowing a child to play with the tin.
If you want to hide something, you will need to make a slit or hole in the lid. When cutting a slit or punching a hole, make sure no sharp edges are left.

Spiraldose
Spiral tin

Das wird gebraucht
- eine durchsichtige Plastikdose
- bunte Pfeifenreiniger
- Kürbiskerne
- Sonnenblumenkerne
- Linsen
- Sekundenkleber

....

You will need:
- *a transparent plastic jar*
- *colourful pipe cleaners*
- *pumpkin seeds*
- *sunflower seeds*
- *lentils*
- *superglue*

So geht's

Die leere Dose mit spiralförmig gebogenen Pfeifenreinigern füllen. Dazu etwa eine 4 cm dicke Schicht Kürbiskerne hineingeben und anschließend die Dose verschließen.

Wird die Dose gerollt und geschüttelt, fallen die Kürbiskerne nach unten. Einige bleiben in den Spiralen hängen. Zum Vergleich kann man eine weitere Dose mit Sonnenblumenkernen und

noch eine mit Linsen füllen. Durch die Pfeifenreiniger werden die unterschiedlichen Falleigenschaften der Kerne sichtbar.

· ·

What to do

Twist the pipe cleaners into spirals and insert into the jar. Now add a 4cm layer of pumpkin seeds. Close the jar.
When a child rolls or shakes the jar, the

pumpkin seeds fall to the bottom. Some get stuck in the spiral.
As a comparison, you could fill another jar with sunflower seeds, and a third

with lentils. The pipe cleaners demonstrate how the different seeds fall in different ways.

Suchdose
Hide-and-seek jar

Das wird gebraucht
- eine durchsichtige Plastikdose
- Reis, Nudeln, Bohnen etc.
- kleine Gegenstände
- Sekundenkleber

. . . .

You will need:
- *a transparent plastic jar*
- *rice, pasta, beans etc.*
- *small objects*
- *superglue*

So geht's

Die Dose wird bis an den Rand mit Reis gefüllt. Die kleinen Dinge werden hineingesteckt. Die Dose wird mit Sekundenkleber fest verschlossen.

Durch Schütteln der Dose gibt der Reis einen Blick auf die versteckten Dinge frei. Achtung, bei kleinen Kindern nur eine Sorte Dinge verstecken.

Versteckt werden können kleine Tiere aus Holz oder Plastik, kleine Püppchen, kleine Autos usw.

What to do

Fill the jar to the top with rice. Now poke in small objects. Seal tightly with superglue.

By shaking the jar, the rice shifts to reveal the hidden objects.
For very young children, only hide one type of object in each jar.

You can hide small wooden or plastic animals, miniature dolls or tiny cars in the rice.

Das große Blubb
Blubber bubble

Das wird gebraucht
- eine durchsichtige Plastikdose
- eine durchsichtige Plastikkugel, die so groß ist, dass sie in der Dose nicht die Wände berührt
- Öl
- Glitzer, kleine Sternchen
- Sekundenkleber

....

You will need:
- *a transparent plastic jar*
- *a transparent plastic bauble which is big enough not to touch the walls inside the jar*
- *oil*
- *glitter, little stars*
- *superglue*

So geht's

Die Dose wird mit Öl gefüllt.
Die Kugel wird mit Glitzer und kleinen Sternchen gefüllt, fest verschlossen und in der Dose versenkt.

Die Kinder versuchen die Bewegung der Kugel zu lenken, indem sie die Dose drehen. Allerdings schwimmt diese immer wieder nach oben. Stößt

die Kugel am Boden oder am Deckel an, spüren die Kinder die Vibration.

• •

What to do

Fill the jar with oil. Fill the bauble with glitter and little stars, seal it closed and drop it into the jar.

Children can try to control the movements of the bauble by turning the jar. However, it will always float to the top.

If the bauble knocks against the base or lid of the jar, the children will feel the vibration.

Stehaufmännchen-Dose

Weeble jar

Das wird gebraucht
- eine große flache, runde Keksdose aus Blech
- eine Schraube
- Alleskleber
- Sekundenkleber

· ·

You will need:
- *a large, flat, circular biscuit tin*
- *a screw*
- *all-purpose glue*
- *superglue*

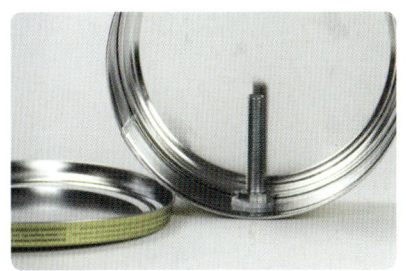

So geht's

Die Schraube wird innen in der Dose fest angeklebt, dann wird die Dose verschlossen.
Die Kinder rollen die Dose und stellen fest, dass diese nicht wie bei bisherigen Rollerfahrungen weiterrollt, sondern immer wieder auf den unsichtbaren Schwerpunkt zurück- kehrt um dort stehenzubleiben.
Die Dose kann tortenstückförmig mit buntem Papier beklebt werden, damit der Schwerpunkt sichtbar wird.

What to do

Glue the screw inside the tin and then seal the tin closed.
When children roll the tin, they will discover that it does not continue rolling like other objects, but always stops at its invisible centre of gravity. You can cover the tin with strips of coloured paper in the shape of cake slices to highlight the new centre of gravity.

Die Versteckdose

Hide-and-seek tin

Das wird gebraucht
- eine leere Kaffeedose mit Plastikdeckel
- eine Schere
- Gardinenringe
- Korken
- Kugeln
- Lockenwickler
- Wollpompom o.ä.
- ein Tablett mit Zweiteilung

....

You will need:
- *an empty coffee tin with a plastic lid*
- *scissors*
- *curtain rings*
- *corks*
- *giant marbles*
- *hair curlers*
- *wool pompoms (or similar)*
- *a divided tray with two compartments*

So geht's

Die Dose wird auf die eine Hälfte des Tabletts gestellt. In den Deckel werden ein Schlitz und ein Loch geschnitten, gerade groß genug, um die angebotenen Gegenstände hindurchzuschieben.

Die Gegenstände, die versteckt werden, werden auf der zweiten Hälfte des Tabletts ausgebreitet. Das Kind setzt sich mit dem Tablett an einen Tisch oder auf den Boden und

steckt die Gegenstände durch die Öffnung. Sind alle Gegenstände verschwunden, öffnet die Erzieherin mit großem Staunen den Deckel und holt die Gegenstände wieder hervor.

∙ ∙

What to do

Place the tin on one half of the tray. Cut a slit or hole in the lid just large enough to pass the objects through.
Place the objects to be hidden on the other half of the tray.

Sit the child at a table or on the floor and place the tray in front of them. The child can now push the objects through the hole. Once all the objects have vanished, remove the lid with a look of

great surprise and retrieve the objects from the jar.

Hörmemory
Audio pairs

Das wird gebraucht
- je nach Alter der Kinder: 4—8 kleine Plastikdosen mit Schraubdeckel
- unterschiedliche Materialien: Sand, Linsen, kleine Nägel, Watte
- Acrylfarbe
- Heißkleber

....

You will need:
- *depending on the ages of the children: 4—8 small plastic containers with screw-on lids*
- *different materials: sand, lentils, small nails, cotton wool*
- *acrylic paints*
- *hot-melt adhesiv*

What to do

So geht's

Die Dosen werden bemalt, sodass sie alle gleich aussehen.
In jeweils zwei Dosen wird das gleiche Material gefüllt, dann werden die Dosen verschlossen.

Die Kinder schütteln die Dosen und versuchen herauszufinden, welches Material in der Dose ist und in welcher Dose auf der anderen Seite des Tabletts das gleiche Material steckt.

Ist sich ein Kind sicher, öffnet die Erzieherin die Dosen und zeigt den Kindern die Gegenstände. Die Gegenstände werden benannt.

• •

Paint the containers so that they all look identical.
Fill each material into two containers and then screw on the lids tightly.
By shaking the containers, children

must work out which material is hidden inside, and which other container contains the same material. Once a child thinks it knows the

answer, the nursery nurse opens the container and reveals the contents. These are then named.

Leuchtdose

Glowing jar

Das wird gebraucht

- eine Kaffeedose mit Deckel
- ein batteriebetriebenes Leucht-mittel, z. B. Taschenlampe oder Lichterkette
- Handbohrer
- farbiges Transparentpapier, zugeschnitten in Dosengröße

....

You will need:

- *coffee tin with lid*
- *a lamp (e.g., pocket-sized torch or fairy lights)*
- *hand drill*
- *coloured tracing paper, cut to the same size as the tin*

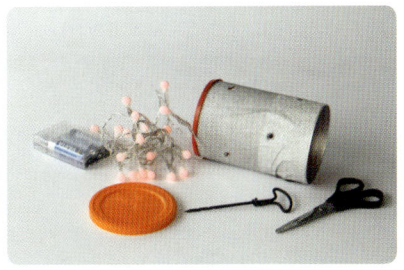 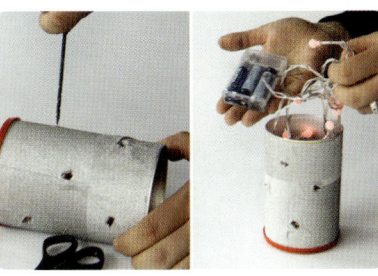 

So geht's

Die Erzieherin bereitet die Dose vor, indem sie Löcher unterschiedlicher Größen hineinbohrt oder hinein-schneidet.
Sie zeigt den Kindern die Lampe. Zuerst wird untersucht, wie unter-schiedlich das Licht der Lampe wahrgenommen wird, wenn es im Raum hell oder dunkel ist. Gemeinsam wird festgestellt, dass der Lichtstrahl der Taschenlampe in dunklen Ecken besser zu sehen ist als im hellen Raum.
Dann wird die Lampe in die Dose gesteckt. Jetzt fällt das Licht in Strahlen durch die Löcher der Dose. Im Dunkeln leuchtet die Dose wie ein strahlender Igel.
Wird die Dose mit unterschiedlich farbigem Transparentpapier ausgeklei-det, bekommt der Igel farbige Strahlen.

∙∙

What to do

By way of preparation, the nursery nurse cuts or pierces holes of various sizes in the tin.
She shows the children the torch. First the children observe how the light of the torch appears dimmer or brighter depending on whether the room is light or dark. Together, they discover that the rays of the torch can be seen better in dark corners than in the centre of a bright room.
The torch is then placed inside the tin.
Rays of light shine through the holes in the tin. In the dark, the tin looks like a glowing hedgehog.
If coloured tracing paper is glued over the holes, the hedgehog radiates coloured beams of light.

Das Stecktablett
Geschicklichkeit und Ordnung üben

Shape sorting tray – practising dexterity and organisational skills

Was tun die Kinder?

Das Tablett gibt der Aufgabe einen Rahmen. In diesem Rahmen werden die Dinge so angeordnet, dass leicht zu erkennen ist, was getan werden muss. Dieses einfache Grundprinzip, Lernaufgaben anregend und selbsterklärend in einem Sicherheit gebenden Rahmen anzubieten, geht auf Maria Montessori zurück.

Die Erzieherin bereitet das Tablett so vor, dass die Kinder erkennen können, was zu tun ist. Sie nehmen das Tablett aus dem Regal, setzen sich an den Tisch oder auf den Boden und beginnen.

In diesem Kapitel geht es um Steckübungen. Diese fördern die Elementare Spielhandlung „Trennen und Verbinden", auch „Transformation" genannt. Wird das Stecken mit dem Sortieren verbunden, wird die Spielhandlung „Ordnen" ausgeübt.

Das lernen die Kinder!

Die Kinder lernen die Welt zu verstehen. Sie erkennen, welche Dinge eine neue Sache ergeben, werden sie miteinander verbunden. Wie Sand im Buddelkasten sich zu einem Kuchen verbinden lässt, verbinden sich die bunten

What does the child do?

The tray provides the spatial boundaries for the task. Objects are organised such that children easily understand what to do. This simple, basic principle of offering children stimulating, self-explanatory educational activities within reassuringly clear spatial boundaries was developed by Maria Montessori.

The nursery nurse arranges the tray such that the child intuitively knows what is to be done. They take the tray from the shelf, sit down with it at a table or on the floor, and begin.

This chapter deals with fine motor activities. These support the elementary play action "putting together and taking apart", also called "transformation". If the motor skill involved is sorting objects, children also practice the play action "organising".

What does the child learn?

Children learn to understand the world. They learn that by combining objects, they can create new things. In a sandpit, sand can be made into a sandcastle; beads can be strung together to make a necklace. Conversely, the sandcastle can

Kugeln zu einer Kette. Umgekehrt lässt sich der Kuchen wieder in den Sand zurückverwandeln und die Kette in einzelne Kugeln zerlegen. Die Kinder lernen im zweiten Schritt die Dinge zu ordnen. In unseren Beispielen geht es meist um Farben, die ein Kind mit dem Übergang in den Kindergarten sicher wiedererkennen und benennen können sollte.

Varianten
Ob in Kartons oder Knethügel gesteckt wird, ob diverse Materialien oder bunte Kugeln verbunden werden, der Fantasie der Erzieherinnen sind keine Grenzen gesetzt.

Darauf achten
Die Stäbe, auf die etwas gesteckt wird, sind meistens lang. Auch wenn sie nicht zu dünn und oben abgerundet sind, kann man sich doch daran verletzen. Deshalb ist es wichtig, dass die Stecktabletts am Tisch genutzt werden.

. . . .

be turned back into sand, and a necklace can be disassembled into individual beads.
Children learn to organise objects in two steps. Most of our examples deal with colours, which children generally learn to recognise and name by pre-school age.

Variations
There are endless variations for this activity – sorting into boxes or into lumps of plasticine, combining widely differing materials or colourful beads …

Caution
Generally speaking, the prongs used for pegging are long. Even when they are rounded at the top and are not too thin, children can injure themselves on prongs. For this reason, it is important that children sit at a table to play with the activity trays.

65

Mit Hämmerchen, mit Hämmerchen

Hammer hammer

Das wird gebraucht

- eine Papprolle
- Legestäbchen in verschiedenen Farben
- Handbohrer
- Holzhämmerchen
- zweigeteiltes Tablett

. . . .

You will need:

- *a cardboard tube*
- *coloured sticks*
- *hand drill*
- *wooden hammer*
- *divided tray with two compartments*

 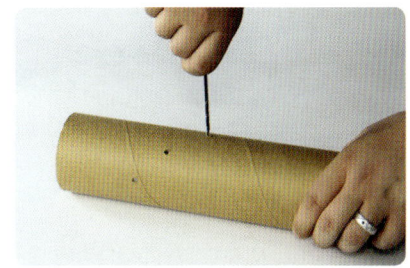 

So geht's

In die Papprolle werden kleine Löcher gebohrt. Die Papprolle wird auf die eine Hälfte des Tabletts gelegt. Auf der anderen Hälfte liegen die Legestäbchen und das Hämmerchen. Die Kinder schlagen mit dem Häm-merchen die Stäbchen in die Rolle. Dazu müssen sie ihre Kräfte kontrol-lieren. Ist der Schlag zu schwach, bewegt sich das Stäbchen nicht. Ist der Schlag zu stark, ist das Stäbchen verschwunden.

Variante

Um die Löcher herum Kreise in der Farbe der Stäbchen malen. Dann können die Kinder die Stäbchen zu den farbigen Löchern zuordnen.

• •

What to do

Bore small holes into the cardboard tube. Place the cardboard tube onto one half of the tray. Place the coloured sticks and the wooden hammer in the other compartment.

The children hammer the sticks into the holes in the tube. To do so, they have to control how hard they hit. If they hammer too gently, the sticks won't move. If they hammer too hard, the sticks disappear into the tube.

Variations

Paint coloured circles around the holes in the same colours as the sticks. Children can now hammer the sticks into the according holes.

Weihnachtssteckerei

Bauble tree

Das wird gebraucht
- ein Küchenrollenhalter aus Holz
- Weihnachtskugeln aus Plastik
- eine Schere
- ein Handbohrer
- Textil- oder Papierklebeband
- Schleifpapier

....

You will need:
- *wooden kitchen roll holder*
- *plastic Christmas baubles*
- *scissors*
- *hand drill*
- *masking tape or fabric tape*
- *sandpaper*

So geht's

Ist der Küchenrollenhalter zu lang, diesen etwas kürzen und die Spitze des Stabes rund schleifen.
Die Plastikkugel anbohren und mit der Schere, ausgehend vom Bohrloch zwei gegenüberliegende Löcher in die

Kugeln schneiden. Die Löcher brauchen den Durchmesser der Stange vom Küchenrollenhalter.
Die Schnittkanten an den Kugeln mit Papier- oder Textilklebeband umwickeln oder mit Schleifpapier behandeln.

Kugeln und Küchenrollenhalter werden auf einem Tablett angeboten. Die Kinder fädeln die Kugeln auf und nehmen sie wieder herunter.

What to do

If the kitchen roll holder is too long, saw off the end and sand down until smooth.
Bore holes in both ends of the baubles and then use the scissors to cut the holes larger. Make sure both holes are

opposite each other. The holes should be as wide as the prong of the kitchen roll holder.
Cover the edges of the holes with masking tape or fabric tape, or smooth with sandpaper.

Place the kitchen roll holder and baubles on a tray. The children stack the baubles onto the holder and take them off again.

Ringe, Ringe, Reihe
Hoopla

Das wird gebraucht
- ein Ständer aus Holz mit mindestens drei Stäben
- diverse Materialien, die sich aufstecken lassen: z. B. Gardinenringe, Armreifen, Stücke von Pappröhren, Stücke von Heulschläuchen oder anderen Schläuchen, große Muttern
- ein Tablett

You will need:
- *a wooden stand with at least three prongs*
- *various materials for stacking: curtain rings, bangles, pieces of cardboard tubes, whistling tubes or other tubes, large nuts*
- *a tray*

So geht's

Der Ständer und das Material zum Stecken werden auf einem Tablett angeboten. Die Kinder arbeiten mit diesem Material am Tisch. Kleine Kinder stecken alle Materialien durcheinander auf die Stäbe. Bei ihnen steht das Aufstecken im Vordergrund. Ältere Kinder können eine Sortieraufgabe bekommen. Gibt es drei Stäbe, werden drei Materialien zum Stecken angeboten. Auf jedem Stab wird zur Orientierung ein Material aufgesteckt. Dann ist das Kind an der Reihe.

What to do

Place the wooden stand and the rings on a tray and give to the child. Children should sit at a table to work with this tray. Small children stack the rings on the prongs in no particular order. Their focus is solely on the act of stacking. Older children can be given a sorting task. If there are three prongs, three different types of material can be offered. One type of material can be placed on each prong to start the child off. Now it's the child's turn.

Der Steckturm
Stacking tower

Das wird gebraucht
- ein Küchenrollenhalter aus Holz
- diverse Alltagsmaterialien, die sich aufstecken lassen: Gardinenringe, Pappröhren, Felgenputzer vom Fahrrad, Haargummis, Armreifen, runde Bürsten aus dem Gastronomiebedarf, verknotete Stoffstücke, Schlauchstücken etc.
- zweigeteiltes Tablett

You will need:
- *wooden kitchen roll holder*
- *various everyday materials (stackable): curtain rings, cardboard tubes, curly wire brushes, hair bands, bangles, round brushes (catering equipment), strips of fabric tied into knots, pieces of tubing etc.*
- *divided tray with two compartments*

So geht's

Das Material wird auf einem zweigeteilten Tablett angeboten. Die Kinder spielen am Tisch. Kleine Kinder lieben es Dinge zu verbinden. Sie fädeln alles auf, was sich irgendwie auf den Stab schieben lässt. Wer die Kinder herausfordern will, mogelt ein paar Dinge dazwischen, die sich nicht stecken lassen: z.B. Korken, Deckel oder zu enge Schläuche.

Variante

Die Fädelei lässt sich auch als Schatzkorb anbieten. Alles, was sich stecken lässt, kommt in einen Korb. Dazu legt man Dinge, auf die aufgesteckt werden soll. Die Kinder können auch auf lange Schläuche oder Papprollen stecken. Achtung, keine Schnüre verwenden! Dafür sind die Kinder zu klein.

What to do

Place the materials on a divided tray with two compartments. Sit the child at a table to play. Small children love combining objects. Wherever possible, they will thread objects onto prongs. If you want to challenge a child, add a few objects which cannot be threaded – corks, lids or narrow tubes, for example.

Variations

Threading activities can also be presented in a basket. Place the objects for threading into a basket. Add the prongs onto which the objects are to be threaded. Children can also thread objects onto long rubber tubes or cardboard tubes.
Caution: do not use string, as the children are too small for this.

Einsteckschachtel
Sorting box

Das wird gebraucht
- ein weißer Schuhkarten
- Acrylfarbe
- Legestäbchen
- Handbohrer
- Kleber
- Tablett

. . . .

You will need:
- *a white shoe box*
- *acrylic paints*
- *coloured sticks*
- *hand drill*
- *glue*
- *tray*

So geht's

Der Schuhkarton wird so verändert, dass er sich an einer schmalen Seite mit einer Klappe öffnen lässt. Dafür den Deckel festkleben und eine der kleinen Seitenwände so einschneiden, dass sie sich klappen lässt.

Farbpunkte auf den Karton malen und diese mit einem Handbohrer durchbohren.
Den Karton und die farblich passenden Legestäbchen auf einem Tablett anbieten.

Die Kinder stecken die Legestäbchen in die farblich passenden Löcher. Ist alles richtig, werden die Stäbchen durchgedrückt, verschwinden im Karton und können über die Seitenklappe wieder herausgeholt werden.

· ·

What to do

In this activity, the shoe box is adapted such that it can be opened via a flap cut into the narrow side. Glue the lid on tightly and cut a flap into the narrow side of the shoe box by which it can later be opened.

Paint coloured spots onto the lid and bore holes in the middle of these spots using a hand drill.
Place the box and coloured sticks onto a tray.
Children can push the sticks into the

same coloured holes. Once they've found all the right holes, they can push them right into the shoe box and retrieve them by opening the flap on the side of the box.

Ordnen mit Fingerspitzengefühl

Sensory sorting

Das wird gebraucht
- ein Tablett
- farbige Knetmasse
- Luftballonhalter
- farbige Pfeifenputzer in den Farben der Knetmasse

. . . .

You will need:
- *a tray*
- *lumps of plasticine in different colours*
- *balloon sticks*
- *coloured pipe cleaners (the same colours as the lumps of plasticine)*

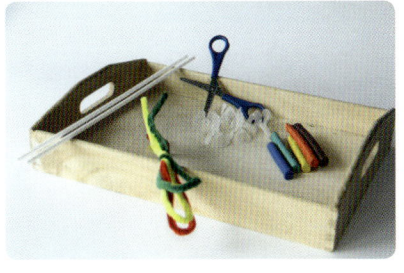

So geht's

Die Luftballonhalter werden mit farbiger Knetmasse auf dem Tablett befestigt.

Aus den Pfeifenputzern werden Ringe gedreht.

Die Kinder sortieren die Ringe entsprechend der Farbe auf die Stäbe der Luftballonhalter.

· ·

What to do

Affix the balloon sticks to the tray using the plasticine.

Twist the pipe cleaners into rings.

The children sort the rings by stacking them on the balloon stick of the same colour.

Farbstern

Colour star

Das wird gebraucht
- ein Tablett
- eine sternförmige Pralinenschachtel (wenn es kein Farbstern sein muss, gehen auch anders geformte Schachteln. Wichtig sind die runden Ausformungen.)
- Acrylfarbe
- farbige Kugeln
- eine Zuckerzange

. . . .

You will need:
- *a tray*
- *a star-shaped chocolate box (or a different shape, so long as the empty chocolate moulds are circular).*
- *acrylic paints*
- *coloured balls*
- *sugar tongs*

So geht's
Das Innenleben der Schachtel wird farbig gestaltet. Dabei erhält jede der runden Ausformungen eine andere Farbe. Der Farbton entspricht dem der Holzkugeln.

Schachtel, Kugeln und Zuckerzange werden auf einem Tablett bereitgelegt.

Die Kinder befördern mit Hilfe der Zuckerzange die Kugeln in das farblich passende Fach.

What to do
Paint the inside of the chocolate box. Each mould should be painted a different colour, identical to those of the coloured balls.

Place the box, balls and sugar tongs on a tray.

Children can use the tongs to move each ball into the same coloured mould.

Steckröhre

Tube fun

Das wird gebraucht

- eine Pappröhre
- Tücher
- Stöcke
- Stoffstücken
- Acrylfarbe oder farbiges Papier
- Kleber
- Schere
- Handbohrer

. . . .

You will need:

- *a cardboard tube*
- *cloths*
- *sticks*
- *pieces of fabric*
- *acrylic paint or coloured paper*
- *glue*
- *scissors*
- *hand drill*

So geht's

Die Pappröhre wird von außen in einer Farbe gestaltet. Sie kann mit Farbe bemalt oder mit einfarbigem Papier beklebt werden.

In die Röhre werden Löcher geschnitten, die nicht größer als 5 mm sein sollten. Dies gelingt am besten, wenn mit einem Handbohrer vorgebohrt wird.

Die Kinder können allein oder gemeinsam die Materialien in die Röhre stecken, um auf diese Weise Fantasiefiguren, Monster oder andere Gebilde herzustellen.

··

What to do

Colour the outside of the cardboard tube, either by painting it or by covering it with coloured paper.

Cut holes in the tube, no larger than 5mm. This is easiest with a hand drill. Children can push the fabrics into the tube to create fantasy figures or other images.

Das Monstersieb

Monster colander

Das wird gebraucht
- ein Küchensieb aus Plastik
- bunte Pfeifenreiniger
- ein Tablett

....

You will need:
- *a kitchen colander (plastic)*
- *colourful pipe cleaners*
- *a tray*

So geht's

Das umgedrehte Sieb wird gemeinsam mit den Pfeifenreinigern auf einem Tablett angeboten.

Die Kinder stecken die Pfeifenreiniger in die Löcher des Siebes. Auf diese Weise wächst auf dem Sieb ein Schopf vielfarbiger Haare. Dieser lässt sich zum Schluss zusammendrehen, biegen und verknoten.

· ·

What to do

Turn the colander upside down and place on a tray together with the pipe cleaners.

Children can stick the pipe cleaners through the holes of the colander. By doing so, colourful hair "grows" on the colander. Once finished, the "hair" can be twisted, knotted and tied into a bunch.

Der Fühlteppich
Sinneserfahrungen machen und Balance trainieren

Textured playmat – sensory experiences and balance practice

Das wird gebraucht
Heißklebepistole • Schmutzmatten • verschiedene Schwämme • Schläuche • Ringe • Kastanien • Steine • Gelperlen • Stöcke • Tüten mit Sand und Grieß

You will need:
Hot-glue gun • mats • various sponges • tubes • rings • conkers • stones • gel beads • sticks • bags of sand and semolina

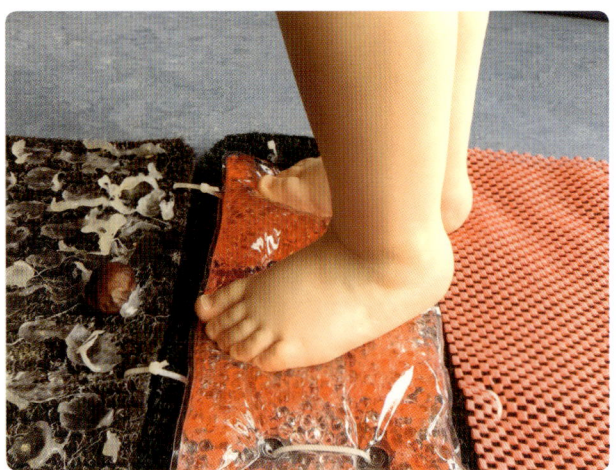

Was tun die Kinder?

Babys und Kleinkinder sind sinnliche Wesen. Sie erleben die Welt mit ihrem ganzen Körper, quasi mit all ihren Sinnen. Die Welt wird erfühlt, beleckt, betastet und geschmeckt. In diesem Kapitel geht es darum, die Füße zum Erkunden der Dinge und ihrer Materialeigenschaften zu benutzen. Die Kinder laufen barfuß über unterschiedliche Untergründe, erleben, wie diese sich anfühlen und halten die Balance, wenn es uneben oder glitschig wird.

Das lernen die Kinder!

Etwas mit den Händen zu berühren ist eine Sache. Aber bleibt das Gefühl dasselbe, wenn die Füße den Gegenstand berühren? Die Kinder lernen unterschiedliche Materialien kennen. Sie erfahren die Unterschiede zwischen weich und kratzig, fest und matschig, kalt und warm, hart und weich und vieles mehr.

Varianten

Fußpfade lassen sich auf verschiedene Art herstellen. Im Garten wird ein Weg mit Stroh, Steinen und Kienäpfeln ausgelegt. Im Zimmer bilden unterschiedlichste Stoffe einen Fühlteppich.

What does the child do?

Babies and toddlers are sensual creatures. They experience the world with their whole bodies – i.e., with all their senses. They feel, lick, touch and taste the world. This chapter shows how children can use their feet to explore and feel objects. Children walk barefoot over various surfaces, discover what these feel like and keep their balance when the ground is uneven or slippery.

What does the child learn?

Touching objects with your hands is one thing. But does it feel the same when you touch something with your feet? Children discover different materials. They feel the differences between soft and scratchy, firm and squishy, cold and warm and many more contrasts.

Variations

Textured playmats and sensory footpaths can be made in a variety of ways. Outdoors, you can create a sensory footpath using straw, stones and pine cones. Indoors, a wide range of fabrics and materials can be used to create a textured playmat.

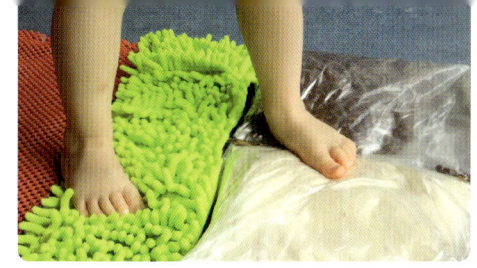

Darauf achten

Alle verwendeten Materialien müssen so beschaffen sein, dass man sich daran nicht verletzen kann. Es darf nichts stechen, schneiden oder so glatt sein, dass die Kinder ausrutschen können.

Die Kinder dürfen die Fühlteppiche freiwillig betreten. Wem dies unangenehm ist, der darf den anderen zuschauen oder die Dinge mit der Hand betasten.

. . . .

Caution

None of the materials used should pose a hazard to small children. Do not use any materials which could prick or cut a child, or which are too slippery for toddlers.

Children should step onto the sensory footpath or textured playmat voluntarily. Children who are unwilling to do so should be allowed to watch from the sidelines or touch with their hands.

Der Gartenpfad
Garden path

Das wird gebraucht
- Steine, Stroh, Äste, Kienäpfel
- flache Plastikkisten
- Lappen
- Kabelbinder

You will need:
- *stones, straw, pine cones*
- *flat plastic boxes*
- *cloths*
- *cable ties*

So geht's

Die flachen Plastikkisten im Garten zu einem Weg zusammenstellen. Die Ränder der Kisten mit den weichen Lappen umwickeln und diese mit Kabelbinder befestigen. Jede Kiste wird mit einem anderen Material befüllt.

Sind die Kisten zu leicht und können wegrutschen, ist es besser sie mit Kabelbinder zu verbinden.
Die Kinder laufen barfuß über diesen Weg.
Gemeinsam mit der Erzieherin wird darüber gesprochen, wie die Dinge

sich anfühlen, welche Materialien gern berührt werden und welche nicht. Die Namen der Materialien werden immer wieder genannt.

· ·

What to do

Outdoors, arrange the plastic boxes to make a path. Wrap soft cloths around the edges of the boxes and tie together with cable ties. Fill each box with a different type of material.

If the boxes are lightweight and liable to slip, tie them together with cable ties.
Children can walk barefoot along the path. They can talk to their nursery

nurses about what the different things feel like, which materials are pleasant to walk on and which are not. Keep repeating the names of the materials.

Im Zimmer

Indoors

Das wird gebraucht
- unterschiedliche Stoffe
- Heulschläuche
- Putzmaterial
- Bürsten
- Fußabtreter
- Sandpapier
- Steine
- Stöcke
- Kabelbinder
- Alleskleber
- feste Unterlage aus Malerkrepp

. . . .

You will need:
- *various fabrics*
- *whistling tubes*
- *cleaning equipment*
- *brushes*
- *doormats*
- *sandpaper*
- *stones*
- *sticks*
- *cable ties*
- *all-purpose glue*
- *masking paper for base*

So geht's

Alle Materialien werden mit der Unterlage fest verbunden. Dies geschieht durch Verkleben, Vernähen oder Anbinden mit Kabelbinder. Die Kinder laufen barfuß über die Strecke. Die Erzieherinnen lassen den Kindern Zeit, die Materialien zu erkunden. Sie benennen die Materialien immer wieder und fordern die Kinder auf, das benannte Material zu befühlen. Aus der Verbindung von Sinneswahrnehmung und dem gehörten Wort kann das Kind einen Begriff bilden und sich das Material und seine Bezeichnung merken.

What to do

Affix all materials firmly to the base. You can glue, sew or tie the materials to the paper.
Children can walk barefoot over the mat. Nursery nurses should allow children plenty of time to explore the different materials. They should repeat the names of the materials regularly, prompting the children to feel the materials as they do so. By combining their sensory perception with the word they hear, children grasp the concept and commit the material and its name to memory.

Nass und matschig
Wet and squishy

Das wird gebraucht
- drei flache Plastikkisten
- Wasser
- Sand
- Speisestärke
- Tonmatsch
- Wischtücher
- Kabelbinder

· ·

You will need:
- *three flat plastic boxes*
- *water*
- *sand*
- *cornstarch*
- *wet clay*
- *wipes*
- *cable ties*

So geht's

Die drei Plastikkisten werden im Garten zu einer Reihe zusammengestellt. Die Materialien werden jeweils in eine Kiste gefüllt. Die Speisestärke sehr dick anrühren, dann ergibt sie einen festen Brei, der bei schneller Berührung eine feste Oberfläche bildet, die nur beim langsamen Hineingleiten nachgibt. Die Tonmatsche sollte sehr dünn sein. Unbedingt darauf achten, dass keine Tonklümpchen vorhanden sind, auf denen die Kinder ausrutschen können. Die dritte Kiste wird mit einem Gemisch aus Sand und Wasser gefüllt. Zur Sicherheit die Kanten der Kisten mit Wischtüchern umwickeln und diese mit Kabelbindern befestigen, damit sich kein Kind, wenn es ausrutscht oder stolpert, wehtun kann.

Die Kinder spielen barfuß und nach Möglichkeit nur mit einer Windel bekleidet an dieser Landschaft. Sie können matschen, die Materialien am Körper verteilen und in den Kisten stehen oder von einer zur anderen Kiste laufen.

Achtung: Die Flüssigkeiten dürfen nur wenige Zentimeter hoch in den Kisten stehen. Die Kinder dürfen bei dieser Aktion nicht ohne Aufsicht sein.

- -

What to do

Outdoors, put the three plastic boxes in a row. Place each material in a box. Mix the cornstarch to a very thick, firm paste.

The wet clay should be very squishy. Make sure there are no small lumps of clay which children could slip on. Fill the third box with a mixture of sand and water.

For safety, cover the edges of the boxes with cloths and tie these on with cable ties so that children don't hurt themselves if they slip over.

Children should be barefoot for this activity, and preferably only wearing a nappy. They can mess around with the materials, smear them over their bodies, stand inside the boxes or walk from one box to another.

Caution: make sure there are only a few centimetres of liquid in the boxes. Children must be supervised at all times during this activity.

Blasenfolie
Bubble wrap

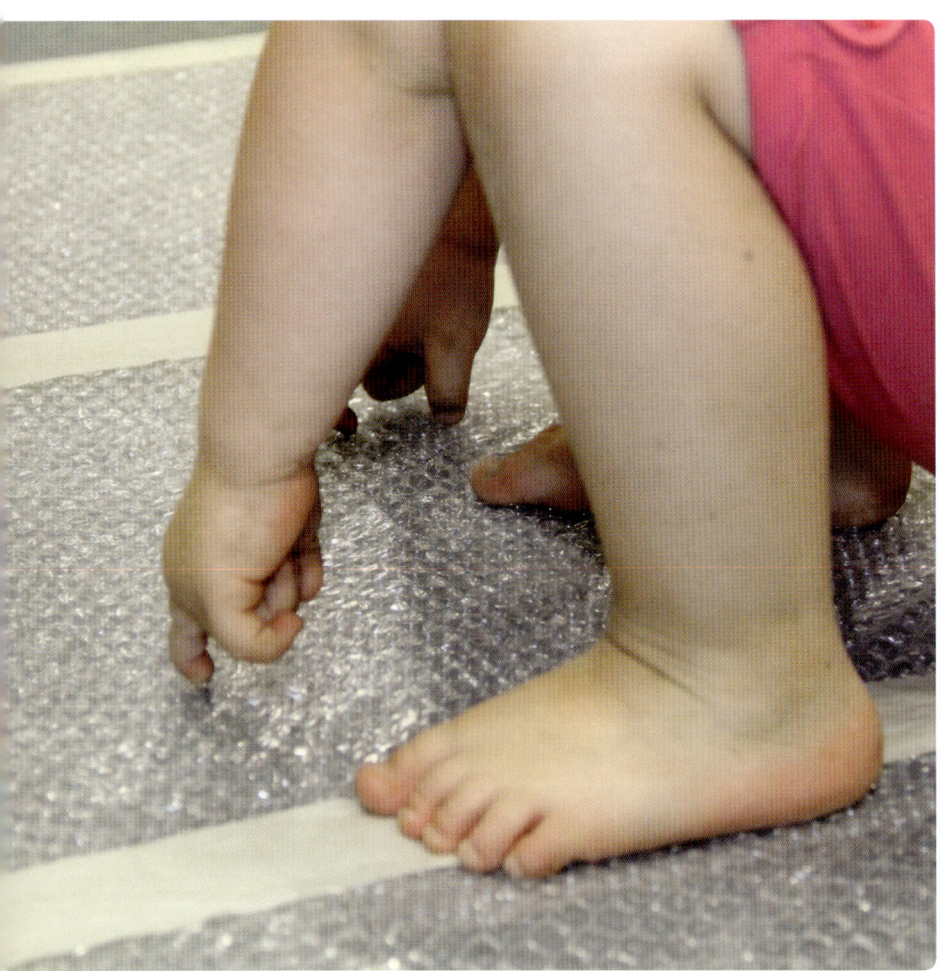

Das wird gebraucht
- größere Stücke unterschiedlicher Blasenfolie
- Klebeband

- -

You will need:
- *large pieces of different varieties of bubble wrap*
- *sticky tape*

  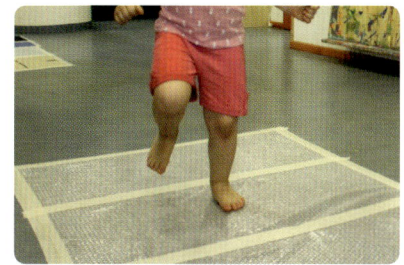

So geht's

In den Krippenräumen und im Flur der Einrichtung werden große Stücke Blasenfolie auf den Fußboden geklebt. Achtung: Die Folie rundherum

befestigen, damit sie beim Betreten nicht wegrutscht.
Die Kinder untersuchen die Folien, laufen im Alltag über die beklebten

Stellen oder fahren mit ihren Fahrzeugen darüber. Dabei zerplatzen die Blasen, es gibt unterschiedlichste Geräusche.

· ·

What to do

Indoors, stick large pieces of bubble wrap to the floor. Caution: make sure all edges are stuck to the floor so that the bubble wrap doesn't slide.

Children can explore the bubble wrap, walk over the pieces or drive their vehicles over the pieces.

As they do so, the bubbles pop, making different noises.

95

Alufolie, Federn und Schnipsel
aluminium foil, feathers, snippets of paper

Das wird gebraucht
- Malerpappe
- Alufolie
- Rettungsfolie
- Federn
- Schwammtücher
- Klebeband

....

You will need:
- *thick masking paper*
- *aluminium foil*
- *first aid blanket*
- *feathers*
- *sponge cloths*
- *sticky tape*

So geht's

Die Malerpappe wird in große Stücke geschnitten. Diese Stücke werden jeweils mit einem anderen Material beklebt.
In den Krippenräumen und im Flur der Einrichtung werden die großen Stücke auf den Fußboden geklebt.
Achtung: Die Pappe rundherum befestigen, damit sie beim Betreten nicht wegrutscht.
Die Kinder untersuchen die unterschiedlich beklebten Stücke, laufen im Alltag über die beklebten Stellen oder fahren mit ihren Fahrzeugen darüber. Dabei entstehen unterschiedliche Geräusche.

What to do

Cut the masking paper into big sheets. Affix a different material to each of these sheets.
Now affix these sheets to the floor in the rooms and corridors of the day nursery.

Caution: make sure all edges are stuck to the floor so that the paper doesn't slide.

Children can explore the sheets of paper and walk or drive their vehicles over them. Each sheet creates different sounds.

Aktionswand

Activity wall

Das wird gebraucht

eine große Holzplatte, die an der Wand befestigt wird ●
diverse Schalter ● Schlösser ● Lampen ● Verschlüsse vom
Wasserhahn

You will need:

*a large wooden board, mounted on the wall ● various
switches ● locks ● lamps ● taps*

So geht's

Auf der Holzplatte werden die Schalter, Schlösser und die anderen Dinge befestigt. Dann wird die Platte fest an der Wand montiert.

Was tun die Kinder?

Die Kinder klicken an den Schaltern, öffnen und schließen die Verschlüsse und knipsen Lampen an und aus. Dabei müssen sie unterschiedliche Bewegungen ausführen: Manches wird durch eine Drehbewegungen betätigt, anderes muss eingefädelt werden.

Das lernen die Kinder!

Die Kinder lernen, welche Funktion die unterschiedlichen Dinge haben, mit denen ihre Eltern im Alltag hantieren. Sie üben Fingerfertigkeit und Geschicklichkeit.

Varianten

Man kann unterschiedliche Wände gestalten. Eine Wand wird nur mit Schaltern bestückt, eine andere nur mit Schlössern. Wichtig ist, dass es sich um Alltagsdinge handelt.

What to do

Attach the switches, locks and other objects to the wooden board. Now mount the board firmly on the wall.

What does the child do?

Children can press the switches, open and close the locks and turn the lamps on and off. To do so, they have to practice different actions: some things have to be turned, others have to be threaded.

What does the child learn?

Children learn that the things their parents handle on an everyday basis have different functions.
They practice dexterity and fine motor skills.

Variations

You can make different wall boards. One could be dedicated to different switches, another to different types of lock. Make sure all the objects used are common, everyday objects.

Darauf achten

Verletzungsgefahr vermeiden!
Kommen Schlüssel zum Einsatz, sollten diese an einer kurzen Schnur direkt an dem passenden Schloss befestigt sein.

. . . .

Caution:

Avoid risk of injury!
If keys are needed, affix these to the board on a short piece of string right next to the appropriate lock.

Der Abenteuerkarton

Adventure box

Das wird gebraucht

ein großer, sehr stabiler Karton • Petrischalen aus Plastik mit Deckel • Schrauben mit Muttern • Reißverschluss • Klettverschluss • Schnallen • Perlen • Körner • durchsichtige Folien mit unterschiedlicher Konsistenz und Elastizität in bunten Farben • Farbscheiben • Spiralscheiben • Handbohrer • Schere • Alleskleber • Sekundenkleber

You will need:

One large, very sturdy cardboard box • plastic Petri dishes with lids • screws and nuts • zips • velcro fasteners • buckles • beads • grains • various transparent foils (different consistencies and colours, different levels of elasticity) • coloured discs • spiral discs • hand drill • scissors • all-purpose glue • superglue

So geht's

Zuerst genau überlegen, welche Dinge auf welche Seite des Kartons kommen sollen. Die Fenster und Schlitze einschneiden und die Löcher vorbohren.

Dann das Material vorbereiten: Farbscheiben und Spiralscheiben herstellen, laminieren und auf festen Karton kleben oder in die Petrischalen einsetzen.

In den Boden der Petrischalen ein Loch bohren. Dann mit einer Seite des Kartons beginnen: Die Schalenböden mit Schrauben und Muttern an einer Seite des Kartons befestigen. Die Schalen mit unterschiedlichem Material befüllen. Die Deckel der Schalen mit Sekundenkleber aufkleben.

Die anderen Dinge, die auf diese Seite des Kartons sollen, anbringen. Dies auf jeder Seite des Kartons wiederholen. Die Fenster und einige Schlitze von innen mit den verschiedenen Folien verkleiden.

Zum Schluss das Dach des Kartons mit einem Reißverschluss versehen.

Was tun die Kinder?

Der Karton ist so vielseitig, dass an ihm fast alle Spielhandlungen ausgeführt werden können. Vor allem in kleinen Einrichtungen, die nicht viel Platz für Fühlwände oder Aktionstafeln haben, ist dieser Karton eine gute Alternative.

Die Kinder untersuchen die Seiten des Kartons, erleben, wie sich Dinge in Rotation verändern, versuchen durch die Folienfenster in den Karton hineinzuschauen oder schieben kleinere Gegenstände durch die Schlitze.

Wer an das Innere des Kartons heran möchte, muss den Reißverschluss benutzen.

Das lernen die Kinder!

Die Kinder üben fast alle Spielhandlungen aus. Sie trainieren ihre Geschicklichkeit und üben die Benutzung von Kletterschlüssen, Reißverschlüssen und Schnallen.

What to do

First decide which objects to stick to which side of the box. Cut out a window and slits, and bore the holes.

Now prepare your materials: make coloured discs and spiral discs, laminate these and stick them on to cardboard or place them in the Petri dishes. Bore holes in the bases of the Petri dishes.

Now begin with one side of the box: affix the base of the dishes to the side of the box using screws and nuts. Fill the dishes with different materials. Seal the lids on the dishes using superglue.

Affix the other objects which you have chosen for this side of the box. Repeat for the other sides of the box.

Cover the windows and some of the slits with the various foils.

Last of all, affix the zip to the top of the box.

What does the child do?

This box is extremely versatile and can be used to practice virtually all play actions. In smaller nurseries, where there is not much space for sensory wall hangings or activity boards, this box can be a great alternative.

Children explore the different sides of the box, discover how things change as they rotate, peep through the transparent foil windows or push small objects through the slits into the box.

If a child wants to open the box, it has to undo the zip.

What does the child learn?

Children can practice virtually all play actions. They practice fine motor skills, and discover how to undo velcro fastenings, zips and buckles.

Variations

The box can be made in many different ways. You could stick brushes, sponges, wire brushes, bottle brushes and soft cloths to the box to make a sensory box.

You could dedicate a second box to switches and locks.

Or you could cover a complete box with haberdashery objects

Varianten

Der Karton lässt sich in vielen Varianten herstellen. Man kann einen Karton mit Bürsten, Schwämmen, Drahtbürsten, Flaschenbürsten und weichen Lappen bekleben, um einen Fühlkarton zu haben.
Ein anderer Karton erhält nur Schalter und Schlösser.
Eine weitere Variation wäre es, den Karton ausschließlich mit Kleiderverschlüssen zu versehen.
Es ist auch möglich, auf jeder Seite des Kartons ein anderes Angebot anzubringen.

Darauf achten

Kleinteile sollten nicht in Kinderhände gelangen. Daher ist es wichtig, dass die Schalen immer fest verschlossen sind und dies in der Verwendungszeit des Kartons immer wieder kontrolliert wird.
Wie alle selbstgebauten Spielmaterialien hat auch dieser Karton nur eine begrenzte Lebensdauer. Daher sollte der Karton, wenn er deutliche Spuren der Benutzung aufweist, oder das Interesse der Kinder erlahmt ist, aus dem Kinderbereich entfernt werden. Denn nun ist es Zeit für eine neue Idee.

. . . .

such as zips, buttons etc.
Alternatively, you could choose different themes for each side of the box.

Caution:
make sure children cannot get their hands on small parts. To this end, ensure the dishes are sealed closed and check regularly whilst children play with the box.
As with all home-made toys, this box will not last forever. As soon as it shows signs of wear and tear, or as soon as children start to lose interest, remove the box from the play area. Because then it's time for something new.

Die Handtrommel

Shaker drum

Das wird gebraucht
eine kurze Pappröhre, am besten das Innenleben einer Klopapierrolle ● zwei Luftballons ● Klebeband ● Murmel ● Tapetenkleister ● Zeitungsschnipsel ● Acrylfarbe ● Schere

You will need:
a toilet roll ● two balloons ● sticky tape ● marbles ● wallpaper paste ● newspaper snippets ● acrylic paint ● scissors

So geht's

Die Papprröhre zuerst verstärken, indem mehrere Schichten Klebeband darum gewickelt werden. Wenn es besonders schön werden soll, kann die Papprröhre auch mit mehreren Schichten Zeitungspapier und Tapetenkleister umhüllt werden. Das so entstehende Pappmaschee macht die Röhre sehr hart. Dann wird die Röhre bemalt.
Ein Luftballon wird stramm über die eine Seite der Papprröhre gezogen und mit Klebeband befestigt. Dann kommt die Murmel hinein. Das andere Ende der Röhre wird mit einem Luftballon versehen, der ebenfalls festgeklebt wird.
Wer sicher gehen will, doppelt die Luftballons auf beiden Seiten. Sind die Luftballons zu groß, einfach abschneiden.

Was tun die Kinder?

Die Kinder bewegen die Röhre hin und her. Die Murmel wird hin- und hergeschleudert und verursacht einen Klang.

Das lernen die Kinder!

Die Kinder lernen, dass sie durch die Bewegung eines Gegenstandes Klänge erzeugen können. Werden mehrere

What to do

First reinforce the toilet roll by covering it with several layers of sticky tape. If you want to make a particularly attractive shaker drum, you can cover the toilet roll with several layers of newspaper snippets and wallpaper paste. This papier-mâché makes the toilet roll very firm. Now paint the roll. Stretch a balloon taut over one end of the toilet roll and affix firmly with sticky tape. Now insert the marble. Stretch a second balloon taut over the opposite end of the roll, once again affixing with sticky tape.
For extra strength, you can stretch two balloons over each end of the roll. If the balloons are too big, cut off any excess.

What does the child do?

Children can shake the tube. The marble runs up and down the tube and makes sounds.

What does the child learn?

Children learn that moving an object can create sounds. If you make several shaker drums, you can fill them with different objects to create different sounds. Children can identify the object inside by listening to the sound it makes.

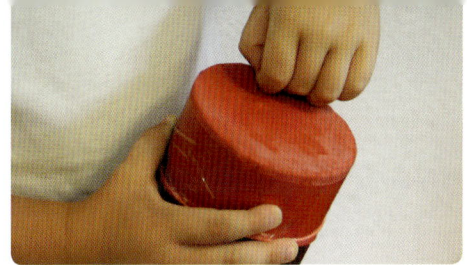

Handtrommeln mit unterschiedlichen Gegenständen befüllt, entstehen unterschiedliche Geräusche. Die Kinder können am Geräusch erkennen, was sich in der Trommel befindet.
Für kleine Kinder ist es sinnvoll, die Röhren einfarbig zu halten und jeder Röhre eine andere Farbe zu geben. Auf der Röhre wird ein Bild von dem Gegenstand, welcher sich darin befindet, aufgeklebt.

Varianten
Anstelle der Murmel können Glöckchen, runde Steine, Schraubenmuttern, Linsen oder andere Dinge eingefüllt werden.
Die Luftballons an den Enden werden unterschiedlich straff verklebt. Auch dies ändert das Geräusch.
Ein Korb oder eine Plastikkiste gefüllt mit vielen unterschiedlichen Röhren kann im Gruppenraum stehen, damit die Kinder selbständig mit dem Material agieren können.

Darauf achten
In den Röhren befinden sich Kleinteile, deshalb immer sehr gut prüfen, ob alle Röhren noch unversehrt und funktionsfähig sind.

. . . .

For young children, it is best to paint each drum in a different colour. You can then stick a picture of the object inside onto the outside of the shaker drum.

Variations
Instead of marbles, you could fill a shaker drum with small bells, round stones, nuts, lentils or other objects.
You can stretch the balloons very taut or less taut over the ends. This also changes the sounds.
Place a basket or box of different shaker drums in the centre of the room so that children can experiment with the different sounds.

Caution
The shaker drums contain small parts, so check regularly that they are intact and in working order.

Unfälle verhüten, Erfahrungen ermöglichen

Preventing accidents, providing experiences

Vor einigen Jahren wurden von der EU die geltenden Regelungen für die Sicherheit von Spielmaterial verschärft. Die dabei entstandene neue Spielzeugrichtlinie betrifft vor allem die ganz kleinen Kinder. Die neuen Regelungen kennen kaum ein Material, welches Kinder unter drei Jahren unbedenklich benutzen können. Vor allem Natur- und Alltagsmaterialien stehen auf dem Index. Nichts ist wirklich sicher und ungefährlich genug, als dass man es kleinen Kindern in die Hände geben würde. Aus der Richtlinie spricht eine Unsicherheit und ein Unwissen über die Entwicklung von Kleinkindern, die verwunderlich ist. Als würde die Menschheit erst jetzt damit beginnen, Babys und Kleininder aufzuziehen. Dies alles verunsichert Eltern, Pädagogen und Spielzeughersteller.

Auf Farbflaschen ist nun der Vermerk zu lesen: "Für Kinder unter 3 nicht geeignet". Dies steht dort nicht etwa, weil die Farbe giftig oder gesundheitsschädlich ist, nein, der Schraubverschluss der Flasche entspricht nicht dem notwendigen Maß, der es erlauben würde, dass kleine Kinder damit hantieren. Dinge aus Korb sind nicht mehr im Kleinkindbereich geduldet, da sich Fäden von den Fasern lösen und eingeatmet werden könnten. Dies sind nur einige Beispiele für die Einschränkung des Angebots an Spielmaterial für Kinder unter drei Jahren.

„Macht nichts!", würden wir sagen, denn Kleinkinder brauchen Alltagsmaterial zum Spielen und dies gibt es sowieso nicht im Spielzeughandel. Kleinkinder erkunden die Welt mit ihrem Körper, mit allen Sinnen und vor allem mit sehr wachen Augen, die uns Erwachsene aufmerksam beobachten. Die Kinder ziehen Schlüsse aus unserem Tun, denn sie versuchen zu verstehen, welche Bedeutung,

Some years ago, EU regulations governing the safety of play materials were amended and became considerably stricter. The new Toy Safety Directive primarily concerns play materials for babies and toddlers. According to the new regulations, virtually no materials are considered totally safe for children under the age of three. In particular, the index lists many natural, everyday materials. Apparently, nothing is safe or harmless enough to put into the hands of very young children. These regulations reflect a deep-seated insecurity and a surprising lack of knowledge about the development of young children – as though never before had mankind dealt with the issues of bringing up babies and toddlers! In turn, it has made parents, nursery nurses and toy manufacturers feel insecure.

Paint bottles now contain a warning which reads "Not suitable for children under the age of 3." This is not because the paint is poisonous or even harmful to health – but simply because the lid is not large enough to comply with the regulations on toys for small children. Babies and toddlers are no longer allowed to play with wicker products, because strands could come away and be inhaled by small children. These are just a few examples of restrictions on play materials for children under the age of three.

We'd say "No problem!" – because children need to be able to play with everyday materials and objects, and these are not sold in toy shops anyway. Babies and toddlers explore the world using their entire bodies and all their senses, and watch adults with very alert eyes. Children draw conclusions from our actions because they're trying to understand the significance and purpose of the objects we use. This is because objects have no purpose unless they are actually used.

welcher Nutzen in den von uns verwendeten Gegenständen steckt. Denn erst durch das Handeln mit dem Gegenstand bekommt dieser eine Bedeutung. Die Kinder finden einen Weg, um an die Materialien, die uns Erwachsene beschäftigen, heranzukommen. Gelingt es ihnen, werden die Dinge geschmeckt, befühlt, zum Klingen gebracht und ineinandergesteckt. Manches wird in Ritzen geschoben, um zu sehen ob das, was nicht sichtbar ist, doch noch existiert.

Anstatt das Angebot von Spielmaterial mit einer Richtlinie einzuschränken, sollte die EU sich lieber dafür engagieren, dass möglichst viele Erwachsene das Tun der kleinen Kinder verstehen. Denn wenn Eltern und Pädagogen wissen, wie die kleinen Weltneulinge lernen, können sie sie auch besser vor Unfällen schützen. Es ist doch klar, dass ein Kind, welches in seiner Entwicklungsphase alles kosten muss, an etliche Dinge nicht herankommen darf. Also müssen in einem Kleinkindhaushalt Putzmittel, Medikamente und Zigaretten an Orten untergebracht sein, an die Kinder nicht herankommen.

Schon sehr kleine Kinder können Erklärungen verstehen. Der heiße Backofen wird immer mit dem Wort „heiß" bezeichnet, wenn die Kinder in der Küche sind. Bald können sie dieses Wort selbst sagen und halten Abstand vom Ofen, wenn darin die Brötchen braun werden. Kleinen Kletterern muss man helfen, sicher wieder auf den Boden zurückzugelangen. Kaum kann das Kind laufen, möchte es hoch hinaus. „Die Perspektive wechseln", heißt diese Spielhandlung. Die Kinder sind nicht davon abzuhalten und erklimmen Stühle und Sofas. Kluge Erwachsene verbieten dies nicht, sondern helfen dem Kind das richtige Absteigen zu erlernen. Mit dem Po zuerst nach unten ist der sichere Weg. Ein paar mal geübt und schon steigt der Einjährige sicher auf und wieder ab.

Kleinkinder sind Auskramer und machen weder vor Küchenschränken noch vor Handtaschen halt. Also sollte

Children look for ways of coming into contact with the materials adults use. Once they manage to get their hands on something, they lick it, feel it, make it create sounds or try putting it together. Sometimes small children will stick objects into holes or crevices to see if they continue to exist once they're out of sight.

Instead of restricting play materials with directives, the EU would do better to invest in helping more adults understand what babies and toddlers are doing. Because when parents and carers understand how young children explore their world, they are better able to prevent accidents. It goes without saying that small children who are going through the mouthing phase must not be allowed to get their hands on certain things. In households where there are small children, detergents, medicines and cigarettes should always be kept out of reach of children.

Even babies and toddlers can understand explanations. Whenever a child is in the kitchen, the word "hot!" can be used to warn children about a hot oven. Toddlers soon learn to repeat the word themselves, and keep their distance from the oven when they see you baking bread etc. Children who are going through a climbing phase need help getting back down again safely. As soon as a child learns to walk, it wants to climb. This play action is called "changing perspective". You can't stop children from climbing onto chairs and sofas. And if you're wise, you won't even try. Instead, show the child how to get back down again safely. Bottom first is always safest. Once they've practiced this a few times, one-year olds can climb up and down confidently.

Babies and toddlers love emptying things, and kitchen cupboards and handbags are no exception. So make sure you store plastic containers in your kitchen floor units. Crockery and glasses should be stored higher up in wall-mounted cupboards. Never leave a handbag lying on the ground if it contains cigarette lighters, medication or small change. This applies in equal measure to day nurseries and the home.

der Küchenschrank in den unteren Fächern Plastikdosen beherbergen. Das gute Porzellan und die Gläser kommen nach oben in die Hängeschränke. Die Handtasche, in der sich Feuerzeug, Medikamente und Kleingeld befinden, darf niemals am Boden abgestellt werden. Dies gilt für die Krippe genauso wie für die Wohnung.

Diese Sicherheitsregeln beherrschten schon unsere Großeltern. Wer Kinder schützen und fördern möchte, kommt mit Verboten und Auslassungen nicht weit. Das ist nicht neu. Denn Verbote reizen die Neugier und den Tatendrang der Kinder. Wenn wir unsere Kinder schützen wollen, müssen wir ihnen die Gefahren erklären und sie diese selbst erleben lassen. Hinfallen, von etwas herunterfallen, sich an einem Weidenkorb kratzen, von einem Insekt gestochen werden, etwas Ekelhaftes in den Mund bekommen, mit blutigen Knien nach Hause kommen: All das sind Erfahrungen, welche die Kindheit ausmachen. Kinder, die dies erleben dürfen, lernen sich sicher zu verhalten und erleiden weniger Unfälle.

Daher ist es eine wichtige Aufgabe der Erwachsenen für die Kinder Spielmaterial zu basteln, welches aus Alltagsmaterialien und Abfällen besteht. Wer dabei die Entwicklungsphasen des Kleinkindes im Blick hat, versteht, welche Elementaren Spielhandlungen die Kinder immer und immer wieder ausführen müssen, um die Welt zu verstehen und ihnen deshalb genau passende Materialarrangements anbieten kann, der macht nichts falsch.

Und für selbstgemachtes Spielzeug gilt das, was für Räume, herkömmliches Spielmaterial und Gärten sowieso gilt: Immer wieder kontrollieren, ob alles ganz ist, funktioniert, sicher steht, keine scharfen Kanten und keine Kleinteile enthält.

Even our grandparents took such safety precautions. If you want to protect a child and support it in its development, you won't get far by forbidding it to do things or steering it clear of all challenges. This is not a new insight. When something is forbidden, it arouses the curiosity and enthusiasm of the child. If we want to protect our children, we have to explain dangers and allow children to experience these for themselves. Falling over, falling off something, scratching oneself on a wicker basket, being stung by an insect, tasting something disgusting, coming home with scraped knees — these experiences are all part and parcel of childhood. Children who experience such things learn to move confidently and are less prone to accidents.

So it's important for adults to create play materials for children from everyday materials and waste. By being aware of the developmental phases of early childhood, adults can understand which elementary play actions children need to repeat time and again in order to understand the world, and can offer them the materials and activities they need.

When it comes to home-made toys, you should proceed just as you would with playrooms, conventional toys and outdoor play areas: check regularly that toys are intact, in working order, secure, without sharp edges and without small pieces.

Danksagung
Acknowledgments

Wir, das Autorenteam, möchten uns vor allem bei unseren Teams in den Einrichtungen bedanken. Ohne ihre Unterstützung wäre es nicht möglich gewesen, dieses Buch zu schreiben und die vielen Ideen zu entwickeln, auszuprobieren und neu zu denken. Ebenso geht ein großer Dank an die Eltern der Klax Krippe Sonnenhaus. Ihre Kinder zeigen uns täglich, ob die von uns hergestellten Materialien ansprechend, sinnvoll und brauchbar sind. Danke, dass wir ihre Kinder fotografieren durften und so das Buch mit ansprechenden Fotos lebendig werden lassen konnten. Es ist auch nicht selbstverständlich, als Erzieherinnen die Möglichkeit zu erhalten, ein Buch herauszubringen. Vielen Dank an den Bananenblau Verlag und unsere Geschäftsführung. Wir bedanken uns außerdem für die handwerkliche Unterstützung bei Familie Römer.

Susan Richter widmet dieses Buch ihrer Familie. Nur durch den großen Familienzusammenhalt war es möglich, dieses Buch zu schreiben. Vielen Dank an Olli, Sophie und Torsten.

We – the team of authors – would first and foremost like to thank our day nursery teams. Without their support, it would have been impossible to write this book and develop, test and re-think the many ideas it contains. We'd also like to say a big thank you to the parents in Klax Sonnenhaus day nursery. Every day, your children show us whether the materials we have created are attractive, meaningful and practical. Thank you for allowing us to photograph your children; these photos bring the book to life. Nor are many nursery nurses given the opportunity to publish a book. So thank you to Bananenblau Publishing House and our management. Thank you also to the Römer family for your help with the crafts.

Susan Richter would like to dedicate this book to her family. Writing this book was only possible thanks to the strong support in the family. Many thanks to Olli, Sophie and Torsten.

Autoren
Authors

Nina Dubrow

Nina Dubrow ist ausgebildete Erzieherin und bei Klax in der Krippe Sonnenhaus tätig. Durch ihr technisches Verständnis und Geschick unterstützt sie die Kinder und das Team im Umgang mit den neuen digitalen Medien. Ihre Herausforderung sieht sie darin, digitale Medien sinnvoll und kreativ im Krippenalltag einzusetzen.

Karola Puppe

Karola Puppe ist ausgebildete Erzieherin und Klax-Fachpädagogin mit der Spezialisierung Atelier. Mit ihren Ideen und Erfindungen bereichert sie den Krippenalltag in der Krippe Regentropfenhaus. Ständig und unermüdlich sammelt sie Material und Ideen, um ansprechendes und pädagogisch sinnvolles Krippenspielzeug zu entwickeln. Sie ist Mutter von einem Sohn und lebt in Berlin

Susan Richter

Susan Richter ist ausgebildete Erzieherin und Klax-Fachpädagogin mit der Spezialisierung Krippe. Sie bereichert den Krippenalltag mit ihrem Wissen und ihren Ideen. In Workshops und Fortbildungen sowie auf Fachtagen gibt sie als Referentin ihr Wissen weiter. Sie hat bereits an mehreren Büchern mitgearbeitet und die Autoren mit ihren Ideen unterstützt. Susan Richter ist Mutter von zwei Kindern und lebt in Berlin.

Aufgeschrieben von Antje Bostelmann

Nina Dubrow

Nina Dubrow is a qualified nursery nurse and works in Klax Sonnenhaus day nursery. With an aptitude for technology, she helps the children and team deal with digital media. She has set herself the challenge of incorporating digital media into nursery life in a meaningful and creative manner.

Karola Puppe

Karola Puppe is a qualified nursery nurse and Klax specialist for workshops. Her ideas and inventions bring colour to the Klax Regentropfenhaus day nursery. She tirelessly collects materials for her ideas, and has set herself the challenge of using only the simplest means and everyday materials to develop appealing play materials with educational value for day nurseries. She has one son and lives in Berlin.

Susan Richter

Susan Richter is a qualified nursery nurse and Klax specialist for day nurseries. With her expertise and ideas, she brings colour to day nursery life. She also conducts workshops and lectures at conferences to share her knowledge with others. She has been involved with several books, helping the authors by contributing her ideas. Susan Richter has two children and lives in Berlin.

Written by Antje Bostelmann

Für Verstecker: Die Einsteckdosen

Verstecken und Verschwinden lassen bereitet Krippen-kindern große Freude. Mit Geduld und Ausdauer werden gleiche Handlungen wiederholt: der Ring, die Kette, das Tuch u.ä. werden in die Dosen gesteckt und mit etwas Geschick auch wieder heraus genommen. Bei dieser einfachen Handlung lernen Kinder grundlegende Gesetz-mäßigkeiten kennen: z.B. werden Größenunterschiede wahrgenommen, ob etwas durch die Öffnung passt oder nicht. Unterschiedliche Materialien werden erforscht und die Objektpermanenz untersucht: sind Dinge existent, auch wenn sie gerade nicht sichtbar sind?

Einsteckdosen 2er Set

Inhalt: 1 Holzkugel, 1 Klangkugel aus Holz, 1 Chif-fontuch, 1 Igelball, 3 Holzringe, 1 Gliederkette, 1 Holzscheibe, 2 Dosen PE rund, 1000 ml (Ø 14 cm x Höhe 11 cm), mit Ausstanzung im Deckel.

Art.-Nr.: 103246

www.dusyma.de
Herstellung und Vertrieb durch Dusyma Kindergartenbedarf GmbH

Gute Pädagogik
findet man nicht überall

Inhouse-Seminare für Krippen, Kitas und Schulen

Sie suchen für sich und Ihr Team Fortbildungen zu aktuellen pädagogischen Themen? Wir kommen zu Ihnen in die Einrichtung und richten unsere Seminare ganz nach Ihren Bedürfnissen aus. Dabei setzen wir gezielt an Ihrem individuellen Weiterbildungsbedarf an.

Wir bieten unter anderem Fortbildungen zu folgenden Themen an:

- **Die Portfolio-Methode in Krippe, Kindergarten oder Schule**
- **Die Krippe – Eingewöhnung, Entwicklungsbegleitung, Raumgestaltung und Materialauswahl**

Desweiteren bieten wir Führungen, Hospitationen, Fachtage und Vorträge an.

Institut für Klax-Pädagogik   Arkonastr. 45-49, 13189 Berlin   institut@klax-online.de
                                     Tel.: 030-477 96 0   www.klax-institut.de